徽州故事

歙县文化旅游体育局 ◎ 组编

张 恺 ◎ 编著

安徽师范大学出版社

ANHUI NORMAL UNIVERSITY PRESS

· 芜湖 ·

图书在版编目（CIP）数据

徽州故事 / 歙县文化旅游体育局组编；张恺编著 . —芜湖：安徽师范大学出版社，
2022.12

ISBN 978-7-5676-5945-2

Ⅰ.①徽… Ⅱ.①歙… ②张… Ⅲ.①徽州地区－地方史－通俗读物 Ⅳ.①K295.4-49

中国版本图书馆 CIP 数据核字（2022）第 234517 号

徽州故事

歙县文化旅游体育局◎组编　　　　张恺◎编著

HUIZHOU GUSHI

责任编辑：翟自成

责任校对：孙新文

装帧设计：王晴晴　冯君君

责任印制：桑国磊

出版发行：安徽师范大学出版社

　　　　　芜湖市北京东路 1 号安徽师范大学赭山校区　　　邮政编码：241000

网　　　址：http://www.ahnupress.com/

发 行 部：0553-3883578　5910327　5910310（传真）

印　　刷：苏州市古得堡数码印刷有限公司

版　　次：2022 年 12 月第 1 版

印　　次：2022 年 12 月第 1 次印刷

规　　格：700 mm×1000 mm　　1/16

印　　张：15.75

字　　数：215 千字

书　　号：ISBN 978-7-5676-5945-2

定　　价：55.00 元

凡发现图书有质量问题，请与我社联系（联系电话：0553-5910315）

"徽州故事"编委会

总策划：汪　凯　王奇勇

策　划：魏晓莉　徐涌驷

主　编：黄　中

副主编：张　恺

编　委：（按姓氏笔画排序）

江勇民　吴　坚　吴　炯　汪轶媛　张　恺

张　捷　洪宇浩　黄　中

小 引

《徽州故事》讲的是发生在徽州和徽州人身上的故事。

徽州在哪里？翻开地图看，她在安徽省南部。

清康熙六年（1667）七月，朝廷分江南省为江苏、安徽两省，安徽之名，即由安庆、徽州二府各取一字而得之。

这是一块古老的土地，早在旧石器时代，即有人类在此繁衍。

史称徽州是在宋宣和三年（1121）五月。

这是一处文化渊薮深厚的土地，南迁的中原文化与当地的山越文化，交融成独具特色的地域文化，尤其在明清徽商经济的助推下，于各方面都闪耀着灿烂的文化光华。

于是，异彩纷呈的徽州故事，便在徽州土地上和徽州人身上鲜活地产生了。

歙县千百年来一直是徽州治所，也一直是徽州首邑，所以本书所讲述的徽州故事也以歙县和歙县人为主体。歙县故事也就是徽州故事的缩影。这些故事，或来自民间传说，或来自先人记载，皆可闻可观也。

欲知此书所讲"徽州故事"究竟如何？那么就请读者诸君且掀开书页慢慢品阅吧。

目　录

第 三 辑 棠樾牌坊群

第 四 辑 清官廉吏

第 五 辑 徽州轶闻

第六辑　徽闻搜轶

第七辑　徽商家风

第一辑

村名桥名

徽州文化的灿烂，是由多方面的内涵来体现的。即使一些村庄和桥梁名字的命取，也大都富有文化的光彩。这里先撷取几个村庄命名的故事，再撷取几个桥梁命名的故事，以供读者一阅。

名取《诗经》的瞻淇

"瞻彼淇奥，绿竹猗猗"；"瞻彼淇奥，绿竹青青"；"瞻彼淇奥，绿竹如箦"。这分别是《诗经·淇奥》三章中的首句，展示了山弯水绕之处那绿竹猗猗青青的秀丽与清新，一片宜人景象。在历史文化名城歙县，便有一个村庄取上述佳句而作村名，这就是"瞻淇"。

瞻淇村位于杭州至徽州的公路边，距离歙县县城只有十多公里。传说此村原先之名并不叫瞻淇，因此村最先的定居者为章姓，所以村名为章祈。后来汪姓人迁入此村，而且人口的繁衍日渐超过章姓，再后来汪姓人口远超章姓，便觉得村名依旧，就颇有些名实不副了。于是汪姓人与章姓人商议更改村名，且取《诗经》里的句子，名为"瞻淇"。字虽改了，但音未变，章姓人没有异议，然而含意大变，显得清秀高雅多了。

能够想到以《诗经》上的佳句巧为村名，足见此村文化底蕴的深厚。事实也的确如此，在歙县，瞻淇素有徽城一出南门文化渊源"第一村"的美誉。得此美誉，一是村子面积大，上下相距数里，如今有2000多人；二是文化深厚，走进村中街巷，但见青石铺道，砖木为房，青墙黑瓦，门楼花窗，一派古风古韵。其中有条古巷名叫"老虎巷"，马头山墙，陡壁耸立，直铺石板，迢迢而上，幽雅古朴之气盖然而生。

如此曲径通幽之处，为何以"老虎"名之？难道出过老虎？非也。说来倒有一番传说。清代康熙年间，这巷内出了一对兄弟进士。兄长汪溥勋，字广渊，自少年时就驰声艺林，清顺治丁酉年（1657）得乡中推荐，后经皇上临轩亲试诗赋、序辨、制艺、表判、策论等，拔置举人第一。十年后的康熙丁未年（1667）中进士，授予中书之职，参与编修皇家玉牒整整五年，竟以劳累成疾，卒于任上。他的弟弟汪浩然，字我常，在康熙庚戌年（1670）中进士，任职督中南仓场，洁己奉公，漕政肃然，著有《楚游草》《宛陵游草》等书。兄弟两个先后皆中进士，在瞻淇村内产生了极大影响，都认为此巷内的私塾教育有方，于是纷纷送子弟到此就读，学子甚多，每日读书之声琅琅不绝，在深巷内冲高墙，击陡壁，声波嗡嗡，如雷鸣似虎吼，传得很远，人们就戏称这里为"老虎巷"。

"老虎巷"内教书育人果然名不虚传，据说曾一年内就出了18个秀才。民国《歙县志》记载，清乾隆、道光、光绪年间，这里还有众多举人，如汪元极、汪泰颐、汪毓英、汪苏、汪昌、汪仁溥、汪庭柱等，可谓文运昌盛一时。更为著名的是该村还出了数学家汪莱，他在方程论、弧三角术和组合计算等方面的成就为人类作出了卓越的贡献。

该村民间还保存有十多块古匾，如一村民家高悬"天心堂"匾，乃是明代著名书法家董其昌所书，这幢明代民居建造者汪骥与董其昌乃是至交。另一村民家悬有"泽洽河湟"匾，这是清光禄大夫、一品顶戴、闽浙总督杨昌浚为瞻淇人汪庭栋所题。汪庭栋是数学家汪莱之孙，同治年间以幕僚身份随左宗棠入陕西，被委署河州知州；光绪时他又任陕西省水利总局提调，治理黄河水利有功，故获得当地"泽洽河湟"的褒奖与赞誉。这些古匾也从一个侧面折射出瞻淇村历史文化的辉煌。

卖花的渔村

名为渔村，当是以打鱼卖鱼为业，而且一定在河边。

然而这里的渔村，不打鱼，不卖鱼，也不在河边，而是培育花木，以卖花为业，且在山坞之中。

那为什么名叫渔村呢？这里面便有故事了。

原来这渔村是因村庄的形状像条鱼而得名的。我的家乡距此村仅三里路，自小我也不理解。20世纪80年代初，我在县委机关工作，有一次来到渔村，向当时的村党支部书记请教。他带我到高山坡上俯瞰全村，一一加以指点，你看，这村庄坐落在山坞之间，村头尖尖，状如鱼嘴；村腰渐宽，好比鱼肚；村脚房屋向两翼而去，如鱼的剪刀尾；全村恰如一条游动之鱼，摇头摆尾，匐于山间，是一个地地道道的鱼村。村里的人家都姓洪，比喻水的汹涌，游鱼得水，则生机盎然，所以在"鱼"字边上加三点水，名为"渔村"。

但是该村数百年来，却是以培育花木盆景为业。该村在歙县城南10余公里。民国《洪氏宗谱》记载，远在唐僖宗乾符年间，与该村同为洪姓兄弟的绩溪洪村四世孙洪必信，号梅窗居士，嗜好书史，善于吟咏诗词，还喜爱栽培花木，曾经在居室右侧建了小楼数楹，在楼前栽植了许多梅花，且作了梅花百韵，以度自己适意的生活。渔村洪姓人受到洪必信的影响，也在房前屋后植梅种花，来美化自己的生活环境。此后逐渐由自然栽植发展成人工施"艺"，即对梅花等花木进行艺术加工培植。民国《洪氏宗谱》还载道："以艺花为副业，售人供盆玩，龚定庵所谓病梅是也。"这表明该村已经以卖花为业了，也就成了卖花的渔村了，而徽派盆景也就在该村诞生了。民国《洪氏宗谱》记载，至迟在明朝初叶，该村人即以植花之艺到京城园林中施展才干，也表明徽派盆景的栽培已成为商业化生产了。

渔村花木，种类繁多，游龙梅桩是其代表品种。所谓游龙梅桩，是把压条成活的梅树枝，弯曲盘虬成如蜈蚣形的对称桩式，主干几弯到十几弯不等，并在侧枝对称扎出四或六条三弯龙爪形，整株梅桩便如倒首腾空之游龙，头在根部，尾在树梢，气势凛然，堪称中国盆景一绝。游龙梅桩之外，还有山茶、罗汉松、桂花、石榴、杜鹃、牡丹、广兰、桃、李、天竺、榆、雀梅、黄杨等100余种。经渔村花匠们的巧手剪裁盘扎，可成各种形状，或圆如盘，或尖如塔，或狮子滚球，或龙凤呈祥，色分五彩，形呈百态，香飘四季，艳美经年。房前屋后庭院中，坡上洼里山岗上，步履所至，眼目所及，皆是美的享受。故渔村实是花村，现今已定名"卖花渔村"。

此村也曾另有其名，叫洪岭村，因自村去县城有一条弯弯曲曲的山岭，村人姓洪，于是岭俗称洪岭，村俗称洪岭村。但此名现已被"卖花渔村"所掩盖了。

大谷运的传说

大谷运村曾是大谷运乡乡政府所在地。村名得自明代的一个传说。

说是当年朱元璋的军师刘伯温伴朱元璋到徽州。某日，他骑马四处游走，到了这里的山冈上，见山下两条溪流如两条蛟龙，在这山谷之间交汇纠缠，到了平阔之处，形成了一个个飞速运转的旋涡儿。刘伯温当即拊掌大笑道："好一个偌大的深谷，好一个大谷运也！"这里的方言，"旋涡"就叫"运"。于是留下了"大谷运"的地名。

大谷运乡所辖一些村庄的村名，也都有一些来历故事。

从大谷运村沿着村前的布射河行走一公里多，有一村名叫"汪满田"。据传说，这个村子古名"凤家村"，也叫"凤岗"，说是有凤凰在此停留过。后来，汪姓人迁来此地居住，人丁兴旺，居民所住的屋舍逐渐将山谷间与河畔的几丘田占满了，而传说中的凤凰也从来没见过，于是汪姓人自豪地将村庄改名为"汪满田"。改名至今已有500多年的历史，不仅田被屋舍建满了，而且栉比而立在布射河两岸，绵延近一公里长，形成300余户1300多人的深山大村，且文化深厚，风俗古朴，每年春节和其他大节，村里人都要嬉戏鱼灯等，成了一道亮丽的风景。

　　由汪满田村翻过一道石板山岭，有个村庄叫"木岭后"。据传，早年那里荒无人烟，森林茂密，是汪满田人前往砍柴伐薪之处。儿子翻山越岭去山里砍柴，早出晚归，母亲往往放心不下，于是常常不辞辛劳，踏着石阶，登上石板山岭，站在岭头上等候和盼望儿子归来。久而久之，这条山岭被称作"望岭"。歙县方言，"望"与"木"谐音，而且"木"字笔画简单易写，文化水平不高的山里人便常写作"木岭"。后来，汪满田村内人多拥挤，部分居民就去那里开荒定居，形成了新的小山村，坐落在木岭之后，便命名为"木岭后"。

　　自大谷运乡乡政府后门，行走山岭两公里，有个村庄坐落于高山岭上，村名"桃岭"。据传说，早年这个村的村口一幢农家屋前，长有一棵碗口粗的桃树，每逢阳春三月，桃花盛开，灼灼如火；初夏时节，酥桃殷红，挂满枝头，煞是好看。人们就把这条山岭叫作"桃岭"，村子也就名叫"桃岭村"了。

性别为名话雄村

　　以姓氏命村名，在徽州各地比比皆是，像歙县的朱村、方村、叶村、汪村、江村、苏村等等。但以性别命村名的，却很罕见，罕见还是可见，被誉为"新安江畔明珠"的歙县雄村，就是以性别命名的。这里就有一个传说故事。

　　据民间的一个传说，很早的时候，在新安江边有相连的两个村子，一个村一度生孩子全是男的，另一个村一度生孩子全是女的，人们便称前者为"雄村"，称后者为"雌村"。封建时代，男尊女卑，说"雄"的内涵，除有阳性之意外，还有雄壮、雄伟、英雄等意思，充满着阳刚豪迈的气概，这村里人自然乐于以此为名，这"雄村"之名便留存下来了。而"雌"的内涵，在旧时就说不上嘴了，此村的人自然不愿接受，但人家要喊，却也无奈。后来，这村也有男孩出生，他们便自豪地改名为"全村"。雄村人主要姓曹，他们便根据《曹全碑》上"枝叶分布，所在为雄"的句子，来解释"雄村"得名的由来，这就显得雅气多了。而全村人在"全"字上加草字头为"荃村"，也显得雅气。

　　话说雄村，不仅村名光彩，而且历史文化也很光彩，尤其是崇尚读书和经商，以才入仕，以商富家，出了一些名人，也创出了一些业绩。他们在新安江畔创办了竹山书院，建立了文昌阁，筑就了护岸堤坝，坝上栽植了桃树，修建了宗族祠社，兴建了家庭院落。竹山书院是村里人会文讲学之所，培育着世代子弟，还曾引来了袁枚、沈德潜等饱学之士，前来谈文吟诗，互研学问。文昌阁屹立江边，八角高翘，各悬风铃，风吹铃响，声音悦耳，旨在振奋学子，倡导文风。庭院内有座桂花厅，厅前小院栽植了数十棵桂树，那桂树可不是随意栽下的，而是每考中一名举人或进士，才奖励栽植一棵，取"蟾宫折桂"之意。曾经健在的曹瑾老人介绍，雄村明、清两朝有52人中举，29人中进士，其中最著名的是"父子尚书"曹文埴、曹振镛。曹文埴26岁考中传胪，也就是第四名进士，后又担任多年的户部尚书，而且是编纂《四库全书》的总裁官之一。曹振镛27岁中进士，历任工部尚书、体仁阁大学士和武英殿大学士，位列军机大臣，嘉庆皇帝出巡时，曾命他留守京城处理朝廷政务，号称"代君三月"。

雄村处在新安江上游干流渐江之滨，山水风光甚为秀美。登文昌阁眺望，远山叠翠，近水扬帆，村坊畴野，尽收眼底。文昌阁下是一渡口，清晨，浓雾漫江，渡船在雾中穿行，不见船身人影，但闻桨声水声，使人疑在梦中，此景名曰"桨声破雾"。晴夜，皓月当空，夜光如水，映照江流，月影抖成粼粼波纹，此景又雅称"滩流皱月"。那江岸百米石砌堤坝，每逢春日，桃花烂漫，遍布坝上，号称"桃花坝"。其间夹植垂柳、紫荆，桃红柳绿，姹紫嫣红，甚为清心悦目。村内还竖有"世济其美""四世一品"等几座牌坊，展示着古朴与典雅，也内含着许多故事。村上游有江中孤岛，那是佛家遗踪"小南海"；村对岸的山林掩映之中，有私家修行的"慈光庵"，据说曹振镛有位姐姐终身未嫁，愿意出家为尼，但要到离家千里之外，又能够看见家乡的地方修行，曹振镛遂在江对岸为姐姐建庵，因为依据"隔江千里远"之说，便符合她的条件了。

未来，随着旅游业的蓬勃发展，雄村这颗新安江畔的明珠，必将闪耀出更灿烂的光华。

昆仲七贤耀锦庭

我国魏晋时期的"竹林七贤",是众所周知的。北宋时期歙州的"昆仲七贤",这就有些鲜为人知了。尽管后一个七贤没有前一个七贤名气大,但前一个七贤不是一个地方的,而后一个七贤同处一地,且是亲兄弟,昆仲七人皆被称为贤人,那就非同小可了,而且后来成了一个村名。这里面也有一番故事。

这七兄弟居住之地乃是现在的歙县北岸镇的方村。所谓昆仲七人皆称贤,是因为他们都读了书,还都做了官,在当时的上层社会里有了一席之地,且为黎民百姓做了一定有益的事。七兄弟是北宋时期人。老大叫方好,官居泰州刺史,乃是州一级行政长官,具体做了些什么好事,史志没有记载,不好妄说,但能够称贤,定然做了一些。老二叫方学,官黄岩县县尉,执掌一县的军事,负责地方治安。老三叫方广,官国子司业,国子就是国子监,是国家最高学府,也是国家管理教育的机构,它的长官称祭酒,司业是次于祭酒的副长官。老四叫方爱,官居侍中,这是可以出入宫廷、侍从皇帝左右的官,官职级别虽不是很高,却可能在皇帝身边说上话,当算是有一定势力的人物。老五叫方多,官浙东金判,属于州内的办事人员,这也许在七兄弟中属地位最低的,不过最接触实际,是办实事的。老六叫方威,官歙州教谕，是州中学官，在七兄弟中是唯一为故土乡梓直接服务的。老七叫方仪，官翰林学士，这是朝廷掌起草拜免将相、号令征伐等机密诏令，并备皇帝顾问的官。一般挑选有文学才干的翰林掌任，且往往是进部入阁掌军机，直至被皇帝拜封为某殿某阁大学士，终成"相爷"，虽然刚开始级别不高，但前途无量。七兄弟之名，连起来为"好学广爱多威仪"，堪称佳话。

兄弟七人皆为官，这在地方便称之为贤了，这不仅让他们的家族感到荣耀，而且让皇帝也感到高兴。当他们先后告老还乡时，当时的皇帝宋真宗赵恒就给他们的故里赐名为"锦庭里"。七兄弟死后，被安葬在同一个墓茔里，人们称之为"七贤墓"。此墓不在他们的家乡方村，而在相距方村两公里处，于是墓边的村庄得名"七贤"，现地处杭徽公路上，距歙县县城25公里。如今，在昆仲七贤的故乡办起了一所完全中学——北岸中学，半个世纪以来，培育了数千名学子，也有许多"贤人"涌现，为国家为人民作出可喜的贡献。

希冀人才杞梓里

地处杭徽公路上的歙县旱南有一重镇叫杞梓里，镇内有一条狭窄的石板街，保持着古朴风味，尤其是那座旧日屹立于村口，而今已被围在镇中的古亭，仍然在无声地叙述着杞梓里镇的历史。这条街当年曾是主要通道，只是在公路通畅的现在，才显得狭窄与古旧。

古亭坐北朝南，身跨于石板街上，东西两个半圆形门下即街道。此亭为砖木结构，岁月将曾经的白墙染成了灰墙，唯有那黑瓦历经风霜而不变色。西门楣上书写"杞梓里"三个楷字，端庄秀气，乃是杞梓里人王国相的手笔；东门楣上书写"植范亭"三个篆字，古朴苍劲，却未题书者之名。亭内北面墙壁画着《麒麟图》，麒麟是古代传说中的瑞兽，画此图自然是吉祥的象征。南面是大敞窗，窗下设有雅称"美人靠"的木制长椅，这在当年必是供人歇息观景之处。

说起杞梓里的村名，便有一番故事。据传，此村原名溪子里，乃是因在昌溪的里面而名之。但宋代村里有人在朝廷做了高官，便希冀故里继续多出一些人才，就以"杞梓"的谐音替代作了村名。杞、梓是两种优质木材，我国古时常以杞梓比喻优秀人才。因此该村以"杞梓里"为名，就是一种心愿的寄托。亭名"植范"，也有培植模范人才的意思。但是亭边并不见栽有杞、梓两种树，只有三棵槐树，在亭西门侧婆娑玉立，如硕大的绿荫伞盖。村里人说，这三棵槐树古已有之，现存的槐树是在古桩上重新萌发起来的。为何是三棵槐树，而不是杞、梓两种树？杞梓里镇文化站站长王立群说出了其中的故事。"三槐"，当地的方言谐音"三横"，即"三横王"也。杞梓里人都姓王，所以用三棵槐树作为姓氏的象征。

　　杞梓里的王姓人中也的确出了不少人才。这里以两个人为例。第一个是那位在亭门上题"杞梓里"三字的王国相，他是清顺治十六年（1659）的进士。第二个就更闻名了，他就是被马克思在《资本论》中唯一提到的中国人王茂荫。王茂荫（1798—1865），字椿年，号子怀，清道光壬辰年（1832）进士，后由部曹擢升御史、侍郎等职。他最值得称道的是在货币改革方面提出了英明的见解，他站在民众的立场上，建议发行丝织钞币，反对铸造"当百、当五百、当千"大钱，以免造成物价上涨、货币贬值。但他的主张没有被腐朽的清王朝所采纳，却被国际无产阶级革命导师马克思所关注，在《资本论》中提及了他的名字与主张。他为官清正廉明，居住京师三十年，没有营设私宅府第，独自栖身于歙县会馆中，自奉俭约，还留下了《王侍郎奏议》这部著作。王茂荫真可谓林中的优质材杞树与梓树也。

赈灾济民庆悦有

歙县南乡瀹源里的瀹岭坞村村头有一座单孔石桥，名叫"悦有桥"。别看它仅是单孔小桥，且是平板拱桥，但它的得名却有一番故事。

相传早年间，这里遭遇了多年未有的大灾荒，附近瀹坑、汪村、洪岭、瀹岭坞四个村子的田地都颗粒无收，近千百姓都已经没有吃的了，连野菜都被吃光了，已经到了民不聊生的境地。此时，地方上将灾情上报官府，官家便派人运来了数百石赈灾粮食，在这几个村交汇的中心地放赈救灾，四村百姓都云集于此，领取官家发放的救济粮食，那场面倒也很是热闹。官家的救济，使这一方百姓得救，大家自然十分高兴，于是将分粮处的这座小桥取名"悦有桥"。还在桥后数步远的地方，建了一座四角方亭，亭名取作"悦有亭"，以纪念这桩爱民救民的大好事件。

可见，凡是为老百姓做了好事的，老百姓是不会忘记其恩情的，而且会流传于青史，让后人也不要忘记。可惜，岁月沧桑，那座小桥还静静地躺在小山溪上，供人们行走，但那座亭子却已被拆了，徒留下一方亭基。

倾力奉献簸箕桥

取名"簸箕桥",并非这桥是用簸箕做的,说起来却有一个故事。

此桥在歙县西乡的潜口镇坤沙村(现属徽州区),由于桥下的溪流不太宽,先前是横搭木板为桥。木板桥有两个缺陷:一是狭窄,行人在桥上行走不稳,便有跌倒的事情发生;二是不能持久,洪水一来,它便要被冲走,交通便又要被隔断。清代时,桥附近的杨充村有个以编织竹簸箕为业的工匠叫郑成仙,决心以卖簸箕的钱在此处造一座石砌的桥,供大家行走。但好事多磨。当他积蓄了一些钱后,却被一位"梁上君子"给窃走了。他当时很伤心,但没有气馁,继续编织簸箕卖簸箕,省吃俭用,积蓄了数十年,终于攒够了造桥的钱,便于清康熙六年(1667),毫不犹豫地捐献出来,雇佣工匠,将此木桥改建为石桥。当时的文人许楚还在桥额上题"簸箕"二字,既为此桥取名,也为此善事留下见证。以建桥人的职业作桥名,足使后人纪念他的功绩。

草鞋桥的故事

无独有偶，与簸箕桥同样方式命名的还有歙县上丰乡蕃村的"草鞋桥"。这里面也有一个感人的故事。

相传在清代康熙年间，连续多年山洪暴发，将蕃村前的蕃坑越冲越大，而且把整体的蕃村辟为东西两半，给村里的往来带来了不便。而每逢雨季，山洪又把蕃村通往外面的道路一次次冲断。于是聚居于蕃村的鲍氏族人都希望有一座沟通东西两半且接通外面的石桥。

这个希望被一位孤身的老人看在眼里，记在心中。他的生活并不富裕，住在用茅草搭盖的草舍中，以打草鞋卖草鞋为生，日子过得十分清苦。但他把自己和村里人的心愿默默地刻印在心底。他独自打着草鞋，日复一日，年复一年，打的草鞋积累到一定数量，就肩挑背驮、翻山越岭到村外去卖。他在生活上很是艰苦，以辣椒代盐，以稻草为被子，省吃俭用，一个铜钱一个铜钱地积攒起来。村里人也顾不了他，也不知他为了什么。

终于有一天，他向村里的族人宣布，自己独自出资，要在村前的蕃坑上建一座石桥，以方便大家的行走。听了他的话，村里许多人都笑话他是痴人说梦，认为造桥不是一个两个钱就可造成的，他一个以打草鞋为生的老人，哪能拿出那么多钱呢？所以村民们都把他的话当作说说而已。

　　然而，时隔不久，只见老人请来了一些石匠，开山采石，按规取石，很快就在蕃坑上动工兴建，村民们这才知老人不是说空话，而是实际行动，于是也纷纷帮忙。时经不少日子，桥基打好了；又经过许多时日，桥面东西两端就要合龙了。但不知什么原因，取来的石板狭小，不管桥工如何拼接，两端就是合龙不了。此时，老人眼看毕生心血就要白费，于是在情急无奈中，不禁抱着石头痛哭起来。谁知在这时，八仙中的吕洞宾云游经过这里，深感老人一片赤诚良善之心，便将手中拂尘一挥，拂起一块大石头，徐徐落在桥中央，不大不小，不歪不斜，恰好将桥两端合龙。于是石桥建造成功。当老人和大家向天仰望时，却什么也没见到，也都心知是得到神助。

　　石桥建成，方便了村里人。大家又在桥东建造一座路亭，以供歇息避风雨。因此桥是打草鞋老人所建，称为"草鞋桥"。到了清嘉庆年间，鲍氏后人鲍兆泰外出经商返回故里，在桥上加铺了一层桥面，又称为"鲍老桥"。

潘状元智造龙眼桥

歙县北岸镇大阜村村西的溪涧上，有一座建于清代乾隆年间的双孔石桥，因桥头有一棵枫树，故名之"枫树桥"，而桥为双孔，如龙的双眼，遂又名"龙眼桥"。

龙，是我国古代传说中一种有鳞有须有爪有角能兴云致雨的神异动物。历来封建帝王都把它视为自己的象征，皇帝是"真龙天子"，帝王的容颜被称作"龙颜"，帝王的子孙后代被称作"龙种""龙子龙孙"，帝王即位称作"龙飞"，帝王之业的创立被喻作"龙兴"，连帝王的衣服也被唤作"龙卷""龙袍"。因此古时的"龙眼桥"，只有皇宫里才可有，民间是被禁止建造的。但大阜何以能够建造一座"龙眼桥"，而且一直被保存了下来呢？说起来也有一段传说故事。

在苏州生长的大阜人潘世恩，于乾隆五十八年（1793）高中状元，即被皇帝授予翰林院修撰，后来官运亨通，先后任朝廷礼部、兵部、户部、吏部的侍郎和尚书，还先后被皇帝拜为体仁阁、东阁和武英殿大学士，成为军机大臣、太子太保、上书房总师傅。有一年，潘世恩回原籍歙县大阜省亲。当时大阜村东与西因有一条溪涧阻隔，往来甚不方便。村里人见潘状元荣归故里，就乘机求他在家乡做一件好事，架一座石桥在这溪涧上，以利行人往来。潘状元自是欣然答应，当即命村族的人丈量溪涧的宽度，也好返京城后精心设计。村里人马上照办。回京后，潘状元即抽空在朝廷值庐内草画石桥图案。然而几经下笔、几番斟酌，都觉得不妥。原来那溪涧的宽度，设计成单孔，跨度太大，设计成三孔，跨度又太小，设计成两孔倒是合适，却又是犯禁的。因而他左右为难，十分尴尬。正巧此时乾隆皇帝到值庐察看，从背后看见了潘世恩的尴尬为难之状，觉得奇怪，因为潘状元办事从来都是手到擒来，没有完不成的事。于是上前询问缘故。潘世恩便据实禀告。乾隆一听，哈哈大笑道："你真是个书呆子，既然造三孔太小，造一孔太大，何不设计成两孔，岂不正好！"潘世恩一听，当即跪地叩首谢恩，连连呼道："万岁赐臣龙眼，臣无限感激，吾皇万岁万岁万万岁！"乾隆听他这么一谢，才知自己失口，将只准皇家造、不许民间有的"龙眼桥"禁令给破了，但金口已开，驷马难追，也无法挽回了。潘世恩立即将设计好的双孔桥图纸，派人连同造桥银两昼夜兼程送回家乡大阜。于是，一座"龙眼桥"不久就横跨在大阜村东与西的溪涧上。

其实这是潘状元预谋之一计，原来他算定乾隆那时会来到值庐，遂故作为难尴尬之状，乾隆还真的入了他的圈套，所以说是潘状元智造龙眼桥。当然，这在当时是秘而不宣的，是时过无数年后才传出来的。如今这座由乾隆无意中"特许"建造的龙眼桥仍然在揽岁月风云，为世人服务。

李寡妇捐建太平桥

歙县城西太平桥因桥长半公里多，且为徽州西部四县通往府城的锁钥而享有"千里江南第一桥"的美誉。2010年版《歙县志》载：其"是我国著名的联拱桥之一，为安徽省最大的古石拱桥"。还载道：南宋端平元年（1234）建木桥，明代弘治年间改建为石桥，乃纵列式法券大型石拱桥，共16孔。但此桥系何人所建？该志书载是"知府何歆始易以石"。而民间却相传是歙县一个李姓寡妇独资捐建。传说是真是假，且莫下断论，但故事较为曲折生动，不妨说来听听。

传说李寡妇虽无儿无女，但夫家祖代却留有万贯家财。她觉得自己今生今世命运不济，孤寡一人，徒有万贯家财又有何用处，不如捐出做件善事，也可为来生来世修寿修福。她见本县城西乃是一府六县的往来要道，却为长长的练江水所隔，仅靠数十木板拼搭的木桥，而且常被洪水冲断，遂想出资将木桥改建成石桥，长久地便利两岸行人。她立即将心中所想付诸行动，费时五年，耗尽家财，终将一座16孔石拱长桥造成，横跨在练江之上。这样的好事善事得到百姓的拥护和称赞。

正当百姓称赞，她自己也庆幸做了一桩大好事时，却不料祸从天降。原来那时有一条不成文的王法，规定民间造桥一律造单孔，不准造双孔，造双孔乃是皇家的专利，谁违背谁就犯下欺君之罪。而李寡妇所造的桥正是双孔，便有一些自己无所作为却嫉妒他人功劳的官吏抓着这个空子，奏告朝廷。而朝廷的无道昏君不分青红皂白，当即下诏给歙县县令，将李寡妇施以剥皮抽筋的极刑。

然而歙县的百姓却甚为激愤，一个个都说，为民做了好事，不但得不到旌表，反而要处以极刑，实在是暗无天日了，于是便有许多人在大白天打着灯笼走路，示意是"有天无日，善恶倒置"。

老百姓群情激愤，便使得县令害怕，担心激起民变，连衙内刽子手也声称不会施行这剥皮抽筋的极刑。县令只得暂将李寡妇收监，待百姓情绪平息后再施刑。

哪知县城西门外有个剃头匠，名叫陈天寿，竟是个没人性的恶棍，敢冒天下之大不韪，亲去县衙，声称自己会剥人皮，请县太爷不要因找不到刽子手而犯难。

县令闻说，思考了一番，便要他暂且回去，听候召见。然后同贴心谋士们商量起来。

谋士们说："剥皮杀死为百姓做了有益事的人的性命，那是丧尽天良、绝子绝孙的事，县太爷绝不可为！"

县令说："但朝廷的旨意又不可违背，那该怎么办？"

谋士们说："那个剃头匠陈天寿竟自告奋勇来做剥皮的事，真是可恶至极！倒不如把他剥了皮顶数。"

县令也觉得陈天寿可恶，沉思一番，说："好！就这么办。"随即命衙役去把陈天寿招呼过来。

陈天寿听说县令召见，自然十分得意，次日一早就带上剥皮抽筋的器具进了县衙。在县衙内，衙役们立即高声吆喝道："威武！"

县令将惊堂木一拍，大声问道："陈天寿，你说你会剥人皮，究竟是怎么个剥法？速速讲来！"

陈天寿听着衙役们高声吆喝，本来有些胆怯，现听县令这样一问，便得意地说了起来。

县令听了，心下忖道：此法果然歹毒，想到此，他说道："这办法倒是好，但本县不相信会这样顺利。这样吧，就先借你试上一试，如何？"

陈天寿顿时惊得丧魂失魄，慌忙摇手道："老爷，这可使不得！"

县令却突然脸色一变，把惊堂木狠狠一拍，厉声道："来呀！速速动手！"

众衙役早就有所准备，县令一声令下，立即一拥而上，不容陈天寿挣扎分说，就把他按跪在地，以其之道治之。然后呈文入朝廷，说是将欺君犯上的李寡妇照旨处置了。

呈文还未抵达京城，那昏君皇帝就驾崩了。国丧大祭，大赦天下，李寡妇的罪也便免了。然而李寡妇至此也就心灰意冷，削发为尼，离了红尘。所以太平桥就有"寡妇桥"之说。

千年媳妇万年桥

在历史文化名城歙县北门外，横跨练江而过的有一座古朴的9孔石桥，长155米，高10米，宽6.3米，条石铺面，下部为浆砌条重力式墩台，长条青石板护栏。此桥是歙县县城通往北乡历史文化保护区许村镇的咽喉，也是古时通往黄山和安庆的要津，名叫"万年桥"。

提起桥名的由来，有一种说法是，得名于清代光绪年间主持修桥的知府的作辞树碑："君子平政，首重桥梁。揭涉不病，利修阴阳。众溪流注，咸会北湟。暴涨冲激，啮石坚刚。岁久失修，荡我康庄。工兴五纪，力殚一方。民曰守功，守弗敢当。愿我徽人，益修陂塘，旱涝有备，民物阜康。后有万年，永固无忘。"然此桥建于明代万历年间，桥名早有，何来于此？又有一种说法是，明代官至兵部左侍郎的歙人汪道昆写有《万年桥》诗，其中有"地踞金汤三辅郡，天回砥柱万年同"句，因此得名。这也不对，因实是有桥在前，汪诗乃是望桥而嵌名韵之也。倒是民间流传的故事，乃为正确。

相传，此桥始建于明万历元年（1573），石桥竣工那日，两岸百姓欢呼雀跃，北乡一带更是瑞气缤纷，一天之中竟有18家庄户要嫁女过江。清晨，桥头花轿排成长龙，吹吹打打，正要上桥，却被一道横栏杆挡住。府衙衙役吆喝"站住"，只见一位守桥官吏说道："知府已发布告示，新桥落成10天之内，任何人不得擅自过桥，待有人为此桥取个雅名之后，才能撤栏放行。"当下众人听得此话，又急又愁，面面相觑。

就在众人惶惶不安之际，突然，其中有三抬大轿门帘一掀，走下三位新娘。一个娴雅温存，叫善姑；一个文静窈窕，叫秀姑；一个敏捷泼辣，叫巧姑。三位新娘落落大方，径直走到守桥官吏面前，道："我们愿为桥定名。"

守桥官吏迟疑地打量她们好半晌，才说："请到知府大人面前去说。"说罢，将三位新娘领进知府衙门。

知府见有三位年轻貌美的新娘进衙门来为新桥命名，颇有兴趣，当即温和地说："三位新娘若能为新桥命名，自然是好事，那么请当堂说出桥名来。"

善姑首先上前道个万福，即说："民家船，官家桥，官民同贺练江桥。"

知府听了，将袖子一拂，说："不妥，不妥！天下以河川命名桥名的，实在太多，此名不新！"

秀姑上前含颦一笑，说："东村竹，西村柳，南门砖塔，北门桥。"

知府道："以方位命名，也太俗，不雅，不雅！"

最后轮到巧姑，她平时最痛恨官府财主仗势欺负百姓和贫民女子，常替世间女子鸣不平。此刻她从容地走上大堂，来到知府跟前，双手叉腰，不卑不亢地说："南山猛虎西山豹，千年媳妇万年桥！"

不料她的话语刚落，知府立即拍案叫绝，大喜道："此桥名甚好！一赞我官家虎威，二赞妇道贞节，三赞石桥永固，就定万年桥。"随即命守桥官吏道："快给新娘们放行！"

实际上，知府曲解了巧姑言词的一些含意，她是把官府比作凶恶之虎，把财主比作凶残之豹。不过从此北门外的石桥就定名"万年桥"，而三姑定桥名的故事也在民间流传下来。

此桥虽经沧桑数百年，但由于历代人们倍加爱护，尤其是新中国成立后县政府及时修缮，使石桥坚固完好。现在，南来北往的游客来歙县古城观光时，既可欣赏万年桥的古朴风姿，还可倾听导游们娓娓动听的叙说。

第二辑

徽菜徽食

徽菜是我国八大驰名菜系之一，以烹制山珍海味而著称。徽食也以产自徽州山野的物品为原料而巧手制作。在这些佳肴美食诞生的过程中，也涌现出一些颇具文化趣味的传说故事。

"如意菜"的故事

"如意菜"是什么菜？说白了，它就是春夏季节长在山野里的蕨菜。徽州各县皆是山区，每逢春气勃生，阳光灿烂，雨露滋润，这种野生植物便遍地丛生，其嫩芽是可当菜食用的。因其柔嫩时，芽头卷曲，芽秆长长，看其状似一柄玉如意，故而得此雅名。此雅名是何人所起？说起来，这人可是个了不得的人物，他就是清代嘉庆年间曾代君留守京城三个月的军机大臣曹振镛。曹振镛为何要为一种小野菜取此雅名，这里就有故事了。

曹振镛是徽州府歙县雄村人，这个雄村就是前面提过的以性别为名的雄村。他的父亲曹文埴是殿试第四名的传胪，曾为《四库全书》总裁官之一，官至户部尚书，加太子太保衔。他本人二十几岁即中进士，后擢升为工部尚书、体仁阁大学士、武英殿大学士。有一次，嘉庆皇帝外出巡视，命他以领班军机大臣身份留守京城，代处朝政三个月，故后在其家乡歙县民间流传起一句"宰相朝朝有，代君三月无"的佳话。

嘉庆七年（1802）春后数月，歙县发生大旱，又是青黄不接之时，遂造成颇大的饥荒，许多百姓难以为生。曹振镛的一位本族本家农民便进京去请求曹振镛予以救助，尽管是本家人，但也要带些见面礼，然而家徒四壁无礼好带，见屋角还有几袋自家采制的用以度饥的干蕨菜，就作为土产礼物带进京吧。曹振镛见本家来了，自然接纳，他倒也不在乎什么礼物，就让家人把那些干蕨菜送到厨房去。谁知这些蕨菜却被因事来曹家的一位御厨看见了，他从未见过此物，心下忖问：这弯弯扭扭的是什么东西？据说徽州人家宝贝多，莫非这也是什么宝贝？他便向曹振镛问道："曹大人，请问刚才在你家厨房内看见的，那是什么宝贝？"曹振镛当即灵机一动，脱口说道："这是我老家徽州的一种名菜，它叫'如意菜'。"御厨听说，再细看那物，果然形状像如意，便露出羡慕之色。曹振镛见状，便让家人拿出一些，递给御厨，说道："御厨大人，这些如意菜拿些去，烧给皇上吃吃看，何如？"御厨当即高兴地带进宫去。

御厨当即精心烧制一盘，呈给嘉庆皇帝，讨好地说："皇上，今天奴才给您烧了一道山珍菜肴，请品尝，看味道如何？"嘉庆帝从未吃过此菜，进口细嚼，说道："嗯，不错，味道甚佳！但不知此系何方佳肴？"御厨即道："皇上，此乃曹尚书老家徽州的山珍，它名叫'如意菜'。"嘉庆帝高兴地说道："哦，'如意菜'，名字吉祥，好！"次日上朝时，嘉庆帝将曹振镛的"如意菜"大大赞扬了一番，结果满朝文武都知道了"如意菜"的大名。

曹振镛回府思忖一番，即作出决定，叫那本家快把那几袋干蕨菜拿到市场上出售。"如意菜"的大名早就一传十十传百名扬京城，所以当曹府本家将几袋干蕨菜拿到市场上时，不一会便被一抢而空，而且价格不菲。那曹府本家便获得了可观的一笔钱，回到了家乡徽州。原来曹振镛虽贵居高位，但他一向清廉，所得俸禄须接济者甚多，遂只能采取此法来救济老乡。

"如意菜"誉满京城后，需求者日多，善于捕捉商机的徽州人便将它源源不断地运抵京城，从而成了一种缓解饥荒的宝物。

的确，蕨菜是一种颇有价值的山珍，享有"山菜之王"的美称。

它可以鲜菜炒食，也可盐腌后食之，还可以干制，以备长久配用。据专家介绍，它营养丰富，含有胡萝卜素、维生素C、粗蛋白、粗脂肪、粗纤维、无氮浸出物及钙、磷等，还有一定的药用价值。现在，徽州蕨菜在国内外市场上深受欢迎。

朱元璋毛豆腐救饥

在徽州赴宴，你会听到这么一句谚语："徽州第一怪，长毛的豆腐是上等菜。"这长毛的豆腐俗称"毛豆腐"。

说起毛豆腐的起源，在徽州民间有许多传说故事，其中一个故事与明代开国皇帝朱元璋有关。说是元朝末年，朱元璋带着义兵在东南一带转战，抵达徽州府治歙县时，已是黄昏时分，长途行军，人困马乏，饥肠辘辘。元朝的官吏早已闻风而逃，当地百姓也不知是何方兵马，于是纷纷远避他处，自然是空城寂寥，所到人家皆是清锅冷灶。无奈之下，朱元璋只得命令侍从四处寻觅，看有无可食之物。那些侍从东找西寻，也没见有什么可食的东西，唯有一个警卫兵从一家豆腐店里，看见一个木匣里存放有一些豆腐，不过已长了长长的白毛，显然是日子长久发霉了。也不知是否可食，然而弃之可惜，便寻来铁锅，点燃柴火，将那长毛的豆腐放到锅里煎烤起来。谁知这煎烤着的长毛豆腐，却嗞啦嗞啦地发出响声，而且飘起一阵阵奇特的香味，那警卫兵便斗胆先尝了一口，竟然鲜味独特，极为可口。于是连忙拿到朱元璋跟前，献给主公吃。朱元璋自然也闻到了那香味，早已逗引得口涎溢出，便接过吃了起来，当即感到味道十分鲜美，大加赞赏："此乃徽州毛豆腐也！"其他随从吃了也觉得很有味道，当即解去了饥饿。

朱元璋以毛豆腐充饥的故事很快在徽州流传开来，于是一些豆腐店里便做起了毛豆腐，结果徽州民众吃了以后，的确觉得很鲜美，这样毛豆腐便作为特色食品在徽州流传开来，城乡各地到处可见，且流传了数百年。

喜欢吃毛豆腐的外地人也很多，其中新四军第一支队司令员陈毅在歙县岩寺吃毛豆腐的故事，更是脍炙人口。那是1938年，新四军在岩寺整训，他和当地一位叫罗敏修的医生结为好友，常在一起对弈谈心。有一次，罗医生买了些毛豆腐给他下酒。陈毅尝了以后，赞不绝口，从此爱上了这徽州特有风味的食品。在岩寺整训的几个月里，他便常光顾毛豆腐担前，与老乡们同围一炉，边拉家常，边有滋有味地尝食着徽州虎皮毛豆腐，而且操着四川口音说道："多放些辣子哟！"据说喜欢吃毛豆腐的名人，还有著名的美学家、雕塑大师王朝闻。1990年5月，他到黄山采风，指明要吃毛豆腐，已经80多岁高龄了，竟一口气吃了七八块。可见徽州毛豆腐的风味的确不一般。

"方腊鱼"的故事

　　以北宋末年农民起义领袖方腊之名而命名的"方腊鱼",也是一道传统水产类徽菜,它又名"大鱼退兵将"。说起来又有一番有趣的故事。

　　这方腊是歙县七贤方村人,是一位箍桶匠,因不满宋朝廷对百姓的盘剥压榨,在浙西和皖南发动了起义。传说方腊率义军在歙州与宋王朝官兵殊死决战,因寡不敌众,退上了休宁县境内的齐云山独耸峰固守。这里地势险要,山下宋军难以攻击,但四周无援,不利于长久相持。宋军攻不上山,就在山下驻扎,重重围困,企图使义军断绝粮草后不攻自破。固守了一些日子,方腊和部下也看到了这个要害问题,心中甚是着急。正在这紧急关头,他见山上有不少水池,池中游动着不少鱼虾,便计上心来,命士兵赶快把池中鱼虾捕捞一些上来,然后投向山下,用以迷惑敌人。果然山下宋军将领中计,因为他们看到山上既有鱼虾抛下来,表明义军粮草依然充足,围困无用,倒不如撤军而去,待后再战。于是宋军撤退,义军得以暂时解围。因方腊是徽州人,百姓为纪念方腊用鱼虾智退宋军的故事,创制了徽菜佳品"方腊鱼"。

　　这道菜的制法是,取鱼中上品鳜鱼,采用两种不同烹调方式制成。一般选用750克左右的新鲜鳜鱼一条，将鱼头、鱼尾分别切下，鱼头、鱼尾采用红烧的烹调方式，烧好后放在长盘子的两端；鱼中段采用油炸的烹调方式，炸成金黄色，再配以番茄酱，用清汤略烧，然后放在盘子中间；最后在盘子的边沿配12只炸熟的大虾。这样，一盘造型奇特并具咸、甜、鲜三味的名菜便制成了。那鳜鱼在盘子中昂首翘尾，颇有乘万顷波涛而腾跃的态势。眼观"方腊鱼"的独特造型，耳闻"方腊鱼"的神奇传说，口尝"方腊鱼"的绝妙风味，确令人意趣无穷，兴致倍增。

"鱼咬羊"的故事

　　"鱼咬羊"是徽州杂色类名菜，乃是将羊肉装入鱼肚里而后封口烹制而成。说起这道菜的产生，也有一个故事。

　　据传，清代时的一天，徽州府歙县有一位农民带着四只羊乘渡船过练江，因为船舱太小，过江的人太多，便非常拥挤，拥挤之中，就将一只成年的公羊挤进了江水之中。那羊不会游泳，落入水中仅挣扎了一会儿便溺死江中，沉入江底。很快就引来成群的鱼，争食着落水羊，霎时间，那只公羊的肉就被群鱼吞噬干净。那些鱼儿由于吞噬过饱，肚子胀得鼓鼓的，在水中呈现晕头转向之态。此时，一个渔民划着一只扁小的渔船翩然而来，见许多鱼儿在水面上下乱窜乱拱，顿时惊喜万分，当即迎空撒下渔网，顷刻即将那群鱼收入网中，他费了很大力气才将那网鱼拉上船来，渔船里顿时白花花的一片。更令他惊奇的是，这些鱼在船网里，竟不像往日那样活蹦乱跳，而是乖乖地呆在那里。渔夫把船划到岸边，即把鱼费力地带回家中。他觉得今天打来的鱼特别重，鱼肚子特别大，很奇怪，于是拿来菜刀切开鱼肚细看，见里面竟装满了肉，一闻，知是羊肉。他把鱼洗净，仍旧封好刀口，连同鱼腹内那些碎羊肉一起烧煮。结果烧出来的鱼，骨酥肉烂，不腥不膻，既有鱼肉之鲜，又有羊肉之甘，汤味鲜美，风味独特。此后，便流传成一道名为"鱼咬羊"的徽菜名菜。

"鱼咬羊"的制法是，取鳜鱼或鲫鱼一条，去鳞、腮，从脊背正中剖一个大口子，取出大骨及内脏，洗净；再取羊腰窝肉，切成长3.3毫米、宽2毫米的长方块，放入开水锅里略烫一下，捞出沥水；置炒锅于中火上，用五成热的猪油将羊肉煸炒，再加水、酱油、绍酒、葱段、姜片、八角、白糖、精盐，烧至八成熟时，取出羊肉装入鱼腹内，用麻线捆住，在鱼身两面抹点酱油，然后放入旺火上的熟油炒锅内，煎成两面金黄色时取出，去掉麻线，放入砂锅，再加各种调料和鸡汤、烧羊肉原汤，用旺火烧开，微火炖半小时，待汤浓、鱼酥、羊肉烂时，撒上白胡椒粉及香菜，即成一道名菜"鱼咬羊"。

观音豆腐的故事

　　传说很久很久以前，古徽州的土地上遇上了先涝后旱的大灾之年，几乎颗粒无收，老百姓的生活非常困难，许多人都快到了灶无填腹之食的地步，一个个骨瘦如柴，眼看要迈上奈何桥，到阎王殿去报到了。

　　然而，苍天有眼，民不该绝，自上苍来了一位老妇人。只见她身穿青衣衫，头戴青色道冠，左手执青瓶，右手执拂尘，袅袅娜娜，来到徽州上空，看到百姓的疾苦状况，不由得心中嗟叹："苦哉！救苦救难乃是吾之本分也！"叹毕，将拂尘从青瓶中蘸些甘露，向人间倾洒，只见滴滴甘露所到之处，一种翠碧小圆叶的绿树，一丛丛一簇簇地长在山岭之间。同时从空中飘落一张纸条，上面写着一行清晰的字："山上翠叶，采揉取汁，灰水点卤，可制豆腐，用以充饥，灾荒可度。"于是人们依照字条所述，纷纷上山采来此种翠叶，如法置于水盆中，浸泡一会儿，然后揉捏成叶浆，再用一块纱布铺开，将叶浆倒入纱布中，过滤到另一个木盆里。接着找来一些豆萁灰，泡进水里，过滤成无渣灰水。然后把灰水滴入过滤后的叶浆中，用短棒加以搅拌均匀，过了一会儿，只见那盆里的叶浆逐渐凝固。最后倒在粘板上，用菜刀划切成块，就如同豆腐一般，不过是绿色的豆腐，还散发着一阵清香。再把这"绿色豆腐"放入锅中，加盐和油煮熟，入口甚有味道。大家便依靠着这"绿色豆腐"度过了饥荒。

　　人们知道，这老妇人就是南海观世音菩萨，她是前来度灾救难的，因此称这"绿色豆腐"为"观音豆腐"，那丛生的绿色灌木就称为"观音柴"。如今自然不再用"观音豆腐"来度灾了，但作为一种绿色食品已被投入旅游业中，受到了游客的青睐与喜欢。

徽州蜜枣的故事

徽州金丝琥珀蜜枣是久负盛名的蜜饯式干果。它外观椭圆微扁，缕纹如丝，色泽金黄，内质核小肉厚，糖分充足，吃起来酥脆香甜，而且光艳透明，形似琥珀，故得名"金丝琥珀蜜枣"。因它产于徽州，又称"徽州蜜枣"。又因它具有补脾健胃、益气生津的药效功能，故深受古今人们的喜爱。

据说，清代扬州八怪之一的金农就特别喜欢徽州蜜枣。金农与寓居扬州的歙县岩寺人方辅关系很好，两人常来往走动。有一次，方辅准备回乡，金农前去送别，恰方辅不在，即留下一信，上面写道："麻酥糖和蜜枣是你家乡的特产，现正逢秋冬之季，烦你回乡时带上几斤蜜枣来扬州，以慰老馋，届时，我当作笔墨奉答。"从金农对徽州蜜枣的喜爱，可见徽州蜜枣在清代已经名声在外了。

说起这蜜枣的来历，还有一个动人的故事。徽州是个在外经商者很多的地方。说是在三百多年前，歙县某山村有一对夫妻，新婚不久，新郎便要去苏州经商，新娘无奈，只得让丈夫离去。但她对丈夫十分思念，到了秋日，家中院子里的枣树已结满了枣子，而且日见黄红。这是位非常聪明贤惠的女子，她把树上的鲜枣子采下来，先入锅煮熟，再用炭火焙干，然后寄给在苏州的丈夫食用，"枣子"，谐音

"早子"，表示希望丈夫早日归来生个儿子。丈夫收到枣子后，感受到新婚妻子的一片深情，但没能领会妻子希望"早得子"的心意，在回信中表示了枣子虽好，但不够甜的意思，并且因店里事务忙，无法回家。第二年秋天，妻子在煮枣子时放了一些蜜糖，焙干后又寄了一些给丈夫。丈夫尝食后，回信告诉妻子："今年寄来的枣子比去年的甜，但只甜在外面，里面仍不够甜。"第三年，妻子在采下鲜枣后，先用小刀在枣子上切了许多缝隙，再用糖煮，然后焙干，继续寄给丈夫吃。经过这样加工的枣子又甜又香，非常可口，丈夫吃了十分满意，倍感妻子的深情厚意。这年，他向老板告了假，回乡来与妻子团聚，自然夫妻俩格外亲密。第四年的深秋，妻子即为丈夫生下了一个胖胖的儿子。当时人们就把这种加蜜糖煮熟焙干的枣子取名"蜜枣"。后来经文化人取名为"金丝琥珀蜜枣"。

徽州"金丝琥珀蜜枣"不仅流传在民间，而且成了贡品，走进了宫廷，成为皇室贵胄茶前饭后的佐味佳品。此外，其还深得外国人青睐，远销多个国家和地区。

坑口麻饼的故事

坑口麻饼的故事，留存于我的记忆里，是浓浓的亲情与深深的乡愁。

坑口是歙县新安江畔的一个小镇，它是薛源和阳源两条水流汇合之口，合为薛阳，又称薛坑口，简称坑口。这里是我外婆家所在的地方，二源合一入新安江之口处，有座单孔拱形石桥，名叫仁寿桥，那就是我的外婆桥啊！坑口距我家那个小山村有十里之遥，沿江翻山，须用双脚一步步跟着母亲，走到外婆桥，一路上留下了许多我童年的脚印。

坑口吸引我的除了是我外婆家在那外，还有那难忘的坑口麻饼。我外婆家那药店的隔壁，就是创制坑口麻饼的"新裕号"糕饼杂货店。我母亲是外公外婆唯一的女儿，她有四个哥哥，而我是父母亲唯一养大成人的幼子，于是四个舅舅与一个外甥，我便受到许多舅舅们的恩宠，上中学前的许多时光，我就是在舅舅家度过的。因此坑口和坑口麻饼给我留下了深深的记忆。

坑口麻饼主要产于"新裕号"糕饼杂货店。当时，我的族叔公是该店的经理，我的族叔是店内主柜，我的四伯父和我的二堂哥都是此店的糕饼师傅，故我来舅舅家时常到新裕号店里玩，也常到店后楼上糕饼坊里看他们做各种糕饼，也趁便让舌头得点美的享受。

关于坑口麻饼的来历，族叔公等人说，早年坑口是徽城和屯溪前往杭州、上海的重要水陆码头，曾经十分繁华，客商与货物在这里云集。商人为旅途方便，常随身携带盘缠馃充饥。然而此馃虽然方便，但到夏日，时间长了容易变质，冬天天寒没火烤也难以食用，于是常常显得无奈。新裕号的糕饼师傅们看在眼里，想在心里，从中受到启发，便创制了类似盘缠馃似的圆形麻饼以代替之。麻饼酥香，外裹白芝麻，内包糖泥馅，内馅甘甜，既可滋润口舌，又可充饥果腹，而且大小手掌可握，易于携带，远胜盘缠馃，因此倍受客商的青睐。于是麻饼成了坑口这水陆码头小镇上的特产，来往商贾争相购买，不仅可在行商途中食用，而且可以作为上佳礼品送亲赠友。时日一长，坑口麻饼便随着徽商的足迹，享誉大江两岸、运河南北，徽州许多糕饼店家也争相效仿，其名声至今不衰。

因有四伯父和二堂哥在新裕号做糕饼师傅，故我亲眼见过坑口麻饼的制作场面和流程。坑口麻饼直径10厘米上下，形状浑圆，重约2两，其制作材料为面粉、米粉、黑白芝麻、菜油、白糖、饴糖、发酵粉、桂花糖、金桔饼、红绿丝等。黑芝麻炒碾成粉，是馅料的主要成分，加入白糖、饴糖、桂花糖、金桔饼、红绿丝（可食用的）等，交融成馅；而优质的面粉与细米粉，加入适量的熟菜油及发酵粉，则构成麻饼的外包皮，将揉制好的薄皮，包入馅料，就制成了半成品，然后放置于统一标准的金属环中略压，脱环后就制成同一大小的成品；再在饼的两面裹以水浸白芝麻，最后上火烘烤。

那时，我二堂哥年纪尚轻，除制饼外，还充当烤饼师傅。我亲眼看见过他烘烤麻饼的情形。烘烤麻饼十分考究，烘烤时必须两面同时进行，烘烤炉分三层，上下层同时生炭火，生麻饼则放在中间层，烤炉置在固定架上，上下层的平底烤锅由一横杆进行升降移动，以确保烘烤均匀。烘烤麻饼的木炭，是那种硬邦邦的条炭，烧着后无烟、无明火，闪着殷红的焰，热量均匀。因有发酵粉的作用，烘烤出来的麻饼，香甜脆酥，食后滋味悠长。烤房是较闷热的，承担烤饼者，是既具技术又费体力的活儿。我常见二堂哥的额头上沁出银珠般的汗水，可他脸上却洋溢着微笑，因为他参与劳作的一炉麻饼又以崭新的色香味呈现在眼前。那时，我可获准尝一个滚热的麻饼，心中特别美。

第三辑

棠樾牌坊群

举世无双的歙县棠樾牌坊群，以其宏伟与壮观引起中外游人的注目，同时也以荣耀与辛酸令观光者感叹。它们是化石，凝固了历史的脚印；它们是碑文，记载了多彩的故事。

父慈子孝刀光黯

棠樾七位牌坊老人的最长者当是"慈孝里坊"。坊额上的"皇明弘治辛酉冬吉日重建"的字样，告诉人们它的诞生日当在1501年以前。这位至今已有600余岁高龄的牌坊老人，以无声的语言在向每一位观光者，叙述着一段惨祸将起，却因慈孝美德化险为夷的故事。

元至元十三年（1276），镇守徽州府的将军李世达发动叛乱（或许是不满元朝统治而作反抗的义举）。政府军的叛乱使世道纷争不宁，群盗蜂拥而起。这等局面的主要遭难者自然是老百姓。棠樾村的鲍宗岩、鲍寿孙父子就是此时的遭难者。鲍宗岩是位处士，是位无职无权无财无势的穷书生。强盗来时，他弃家出逃。哪知刚逃出家门，他即被强盗捉住，捆缚在里中龙山的松树上。盗首对逃窜被捉者是恨之入骨的，当即抽刀要将鲍宗岩杀死。正在千钧一发之际，忽一声响起："不要滥杀我父！"盗首停刀回顾，但见草丛中跃起一名青年，乃是鲍宗岩之子鲍寿孙。原来在出逃时，他年轻步捷，先父亲一步藏进了草丛。盗首望着这自投罗网的青年人，便收起刀冷笑一声道："噢，你不让我杀死你父亲，那么你是要代父去死了？"鲍寿孙义无反顾地说："正是，请你把我父亲放了，我便代父而死！"说罢，昂然引颈就刃。盗首说："好，我就成全你的孝心。"随即向手下人喝道："将这老头子放了!"然后举起手中锋利的刀。面对此景,鲍宗岩蓦地双膝跪地,向盗首叩首求饶道:"我仅有一子,你若杀了他,我家宗祀就要断绝了。请大王放了我儿。还是让我老头子去死吧。"鲍寿孙大喊:"不!孩儿愿代父亲去死。"父子二人互相争死,以存对方,凄哀之声骤起,群盗都不禁为这父慈子孝的真情所动。盗首也不知如何是好,手中利刀也垂了下来。正犹豫时,忽然间树林里刮起了猛烈的风,风声里又好像夹杂着万千铁蹄的践踏声。强盗们顿时大惊。一个小盗对盗首说:"老大,是不是官兵赶到了?"盗首不假思索,当即领着盗伙们仓皇逃去。鲍家父子保住了性命。

这段父慈子孝的故事,在当时就被人们传为美谈,写进府县志,还被收入《宋史·孝义传》等。明成祖朱棣于永乐十八年(1420)题《慈孝诗》二首,旌表"慈孝之门",并赐立诗碑于龙山,同时御制慈孝里坊一座,耸立在棠樾村口。清代康熙皇帝在编辑《古今图书集成》大型类书时,也敕令《徽州府山川考》将此事予以著录。相传乾隆皇帝下江南时,在听到牌坊主人的感人故事后,还御笔赐书一联:"慈孝天下无双里,衮绣江南第一乡。"

消磨应口妙通神

　　"鲍灿孝行坊"是七位牌坊老人中的第二位长者，它的四根石柱脚及明间中柱、两次间下枋和隔架斗拱是白麻石质，是明代诞生的原物，其余构件为茶园青石质，是清代维修时所更换的。清乾隆四十二年（1777）《重修慈孝孝子两坊碑记》载，鲍灿孝行坊诞生于明嘉靖初年，至今也有400多岁高龄了。

　　牌坊枋额上书"旌表孝行赠兵部右侍郎鲍灿"，表明此坊的旌表对象是鲍灿。那么鲍灿是以什么业绩而能获此崇高之荣誉呢？从字面看，自然是以其孝行。而志书上确也记下了那个不寻常的孝行故事。

　　民国《歙县志·孝行》载，鲍灿，字时明，棠樾村人，是个通达博学的读书人，然而却不求仕途上的进步，只安于乡间闲逸生活，侍奉老母膝前。有一年，他70岁的老母亲余氏，双脚皆患病疽，溃烂不堪，请了医生诊治，服了不少药汤，都没有效果，血脓流淌不止。鲍灿见这情状，心中甚是不安。他焚香祷告苍天，也无济于事。情急无奈之下，他便跪在母亲膝前，用自己的嘴去吮吸母亲脚上的疮口。老母亲实在不忍，而鲍灿救母心切，不顾劝阻，依然坚持，吮一口疮吐一口脓。说也奇怪，吮了一阵，老母亲竟有轻松之感。此后一连七八天，竟然毒疽拔尽，双脚奇迹般的痊愈了。鲍灿心中十分高兴，老母亲更是感动得抱着儿子流下了一行行泪珠。此事被村民交口称赞，也一时为士大夫所争相传诵。明周王闻之，即书赠"存爱"二字，以表彰鲍灿的耿耿孝行。御史唐希恺也以"诚孝"二字题作鲍灿家堂的堂名。编修刘安成情不自禁地为此事作记传扬。名士唐军弼、张君贤也分别作有"鬼神尸此事，名教有斯人""恳切一心砭人骨，消磨应口妙通神"的诗句寄托颂扬之情。

过了若干年，鲍灿之子鲍彰山认为父亲的孝行值得千古流芳，遂向朝廷请求建牌坊以旌表，然而由于他位卑言轻，没有得到恩准。后来，鲍彰山的儿子鲍象贤先后做了户部右侍郎、刑部右侍郎、兵部右侍郎等官，以至朝廷荫封鲍彰山为御史。这本是十分荣耀的好事，但鲍彰山却闷闷不乐，他写信给儿子鲍象贤说："你祖父鲍灿孝行可彰扬天下，我却请旌表不得，成为天地间一罪人，何敢当封为御史！"鲍象贤阅信后，心中不安，觉得父亲未办成的事，自己应当去办好。他立刻向朝廷奏疏。由于他已是朝廷重臣，自然得以恩准，一座高大、立体、石砌的"鲍灿孝行坊"矗立在棠樾土地上，鲍灿也得到了"赠兵部右侍郎"的荣誉称号。鲍彰山、鲍象贤父子亦因此博得行孝的美名。

官联台斗鲍象贤

棠樾牌坊群东首第一座牌坊，是一座显耀宦绩的功德坊，无声地讲述了一位封建官宦忠心耿耿为封建朝廷建功立业的叱咤风云之举，也记叙了他秉性亢直遭人中伤而受挫的曲折历程。

这座牌坊的旌表者名叫鲍象贤，表字复之，又号思庵。嘉靖己丑年（1529），34 岁的鲍象贤考中进士，从此踏上效忠明朝廷的仕途。他文武咸宜，文职做到户部右侍郎、刑部右侍郎，武职做到兵部左侍郎、右侍郎。他曾是巡守边疆的老将，在西南部的云南；他带领过巡边的兵马，在西北部的陕西；他统辖过防卫大军，镇抚过华南两广。总之，他南征北战，使边境安定，百姓安宁，因而朝廷授予他要职重任，黎民为他建生祠。当许国刚走进翰林院时，他已是功绩显赫的朝廷重臣。嘉靖时，许国与鲍象贤同朝共事了一段时间。有一次，许国向鲍象贤询问"如何清理屯田"之事。鲍象贤历陈决策后，刚毅地说："不出十年，天下之屯田可坐而清也！"因此，许国非常敬佩鲍象贤的才略，称赞他办事像拿着一把快刀，什么困难都能迎刃而解。

然而，这么一位文武干练的能臣在仕途上并不一帆风顺。"佼佼者易折，皎皎者易污"，秉性亢直的鲍象贤在朝廷里数次遭到佞臣的恶语中伤，从而被罢官回到故里，在棠樾闲居了四年。当朝廷里一些实事靠那些平庸的佞臣办不了、办不下去的时候，皇帝便又想起鲍象贤这把"快刀"，复又起用他。耿直的人真是忠无二心，重返朝廷的鲍象贤依旧廉直自持，不计个人毁誉得失，且常以"官不择位"的箴言自勉，一如既往地效忠社稷。但在皇帝眼里，臣下不过是一件工具，当你无用时，或用而不遂其心意时，便要落个废弃的下场。隆庆元年（1567），刚登上皇位的明穆宗朱载垕即找个借口，让鲍象贤告老还乡了。当然，这年的鲍象贤已是年过古稀的老人，但他报国之心未泯，为国效力之志未衰，此时要他告老自然是心灵上的打击。带着抑郁之心回归故里的鲍象贤，回到家不久，便如霜打的秋叶而衰落了。次年，即1568年，他闭上了不甘的双目，享年73岁。

小于鲍象贤28岁的许国是鲍象贤的同朝臣、同乡友，更是推心置腹、志同道合的忘年交。许国一直为鲍象贤的遭遇愤愤不平，称他是嘉靖故老中的"天下才者"，是明朝"中兴辅佐"的名将，功绩可列当代功臣伟业之中，然而却"功大赏薄，直道不容"！许国等一班大臣的正义呼声，终使隆庆皇帝觉得给鲍象贤的待遇有所不妥，从而追赠鲍象贤为"工部尚书"予以祭葬，并在诰命文书上给了评价："官联台斗，崇衔既晋于朝堂；命涣丝纶，新宠永光于泉壤。"但是，这样的荣耀对于鲍象贤来说，已是迟到的哀荣，因为失去生命的人在九泉之下是毫无感知的。

就是如此迟到的哀荣也是在15年后才得以兑现。万历十一年（1583）才由鲍象贤的孙子鲍献旌按国葬之礼仪建墓将鲍象贤安葬于歙城城西古关莲花充。又过了39年即天启二年（1622）才建牌坊以旌表其宦绩。

天鉴精诚人钦孝

额坊上镌刻"天鉴精诚""人钦真孝"字牌的鲍逢昌孝子坊，建于清嘉庆二年（1797）十一月，距今已有200多个春秋，它叙述了一个至诚至孝、天鉴人钦的孝子故事。

事主鲍逢昌，乃棠樾村一普通村民，生活于明末清初时期。鲍逢昌出生不久，父亲便为生计所迫而外出寻找活路。那时，腐朽的明王朝已近分崩离析，李自成、张献忠等高举义旗，纵横于中华大地，关外的清军亦将夺江山的锋芒逼向中原。在这种混乱的局势中，一介谋寻生计的百姓，哪有安乐的信息传回故乡？然而杳无音信，又使苦守家门的孤儿寡母怀着多少殷切的期盼，孤灯如豆，风敲蓬门，多少希望变成失望。

时光在希望与失望的交织中流逝，转眼间到了清顺治三年（1646），14岁的鲍逢昌决意外出寻父，母亲虽不放心他孤身出远门，但见他主意已定，也只好殷殷嘱咐送他上路。鲍逢昌一边乞食一边行走，经过3年的艰苦跋涉，终于在雁门古寺见到了父亲。乡音往事使他们父子相认，此时，他的父亲虽然尚在中年，却形同一个饱经风霜的老人；而鲍逢昌衣衫褴褛，蓬头垢面，虽是十多岁的少年，却也几乎变成了一个小老头。父子相见，抱头痛哭，凄哀的泪湿透了父亲的袈裟和儿子的衣襟，也感染了寺内众僧。原来，鲍逢昌之父外出谋生不就，几经波折，心灰意冷，遂产生出世之念，欲在雁门古寺里伴钟声佛灯了却一生。然而儿子千里乞食寻父的行为，和发妻在家对他期盼的深情，激荡了他那惨淡的心田，使他重燃起奋斗的烈火。于是他毅然脱下袈裟，走出空门，随儿子返回故里。

鲍逢昌侍奉父亲回归故里，使父母得以团圆。然而灿烂的阳光照在这个普通百姓家没几年，鲍逢昌之母又患了重病。医生说需要一味乳香用来调药，服后方能使病情好转。然而鲍逢昌遍访诸家药店都缺乳香。在寻药中，鲍逢昌得知浙江桐庐出产乳香，于是立即乘木船，去往桐庐。在桐庐，人们指引他说，乳香出在那悬崖之上，很少有人敢去采撷。鲍逢昌赶到悬崖前，见那山崖高数十丈，形势险峻，然而想到母亲重病在床，他早将自己的安危置之度外，在当地人的帮助下，终于攀上了悬崖，采得了乳香。鲍逢昌采乳香归来，调药治母病，虽使母亲的病情得以好转，但总不能痊愈，他便想到古时有割股疗亲的事，即毅然割下自己大腿的肉，熬汤给母亲服用，终使母亲的病痊愈。

鲍逢昌，万里寻父归、割股疗母疾的孝行感动了苍天，苍天鉴于他的精诚之心，暗中助他以一臂之力，使他得以成正果。100多年后，人们将他的事迹呈报朝廷，于乾隆三十九年（1774）奉旨旌表，但牌坊建成已是20多年后的嘉庆二年了。

节劲三冬节妇泪

在徽州牌坊中，贞节牌坊最多；在棠樾牌坊群里，贞节牌坊也占七分之二。徽州妇女忠贞于丈夫，孝奉于公婆，爱献于子女。在忠贞、孝爱的奉献中，饱含了她们无穷的哀怨。泪水洗脸，洗却花容印皱纹；孤度岁月，载着忧愁与憾恨。少数佼佼者被建坊旌表，得到一份苦笑的哀荣，但大多数却默默地凄苦一生。

这座额枋上镌刻"节劲三冬""脉存一线"字牌的牌坊，建于清乾隆五十二年（1787）冬月，旌表的是棠樾人鲍文渊的继妻吴氏。据民国《歙县志·列女》载，这位佚名的吴氏是上海嘉定人，乃是鲍文渊在那里经商带来的。鲍文渊家中前妻已故，生下一儿鲍元标尚在年幼，于是22岁的吴氏便随夫不远千里嫁到歙县棠樾来。她来到鲍家，婆婆已是年老多病，前室子还幼小体弱，压在她肩上的是一副重担。好一个吴氏不畏艰难，侍奉多病的婆婆尽孝尽礼，抚养年幼的前室子全心全意，一家光景过得倒也安宁。谁知屋漏偏逢连夜雨，7年后，丈夫鲍文渊便一病身亡，那年她才29岁。此后数十年中，她把婆婆养老送终，把前室子鲍元标培养成一个精书法、通音律的人才；还主持维修了棠樾鲍氏九世以下的祖墓，将与丈夫同祖共宗的未曾安葬的人一起安葬，使他们的魂灵有所归依。这样的业绩，让一位守节的寡妇来完成，确是不简单的。

　　与吴氏节孝坊相依的汪氏节孝坊，建筑的年月还早于前坊十余年。该坊建于清乾隆四十一年（1776）九月，额枋上镌刻"矢贞节孝""立节完孤"的字牌，旌表的汪氏乃棠樾鲍文龄之妻。她25岁时丈夫就去世了，夫死不再嫁，尽孝侍公婆，立节养孤儿，45岁便离开了人间。

　　在棠樾，这样的节妇很多，仅名列民国《歙县志·列女》中的就有59人之多，还有不少写进了鲍氏宗谱。明洪武四年（1371），棠樾人鲍颖出任陕西耀州知州，虽为官清正，却被诬告下狱，卒于京师狱中。当时其继妻宋氏年仅24岁，宋氏怀抱幼子，雇人将亡夫的灵柩从数千里外扶运回故里，从此弃却脂粉，躬行节约，上侍公婆，下育幼子，历经30年寒暑，完成了丈夫养老恤孤的遗志。

乐善好施垂芳名

位居棠樾牌坊群正中的"乐善好施坊",是七位牌坊老人中最年轻的一位。它诞生于清嘉庆二十五年(1820)一月,距今已有200余年。牌坊额枋两面皆镌刻"乐善好施"四字,表明敦本尚义是这座牌坊旌表的精神主旨。因而,它圆了棠樾鲍氏家族"忠、孝、节、义"皆全的封建功德梦,使棠樾牌坊群成了有机组合的封建道德史的纪念碑。

乐善好施坊旌表的是诰授通奉大夫议叙盐运使的鲍漱芳及其子鲍均。其实,"乐善好施"的业绩,还应追溯到鲍漱芳之父鲍志道那里。鲍志道,字诚一,号肯园,是明代尚书鲍象贤的九世孙,虽有显赫的家世,但到他这一代已是家贫如洗,于是他很小的时候便外出扬州谋生。他先到豆腐店里帮忙记账,后到盐灶上打工,因精明干练而当上西溪南吴氏盐商的经理,此后自己开始淮南盐业经营,逐渐成为盐策经营家,并担任两淮总商20年,成了江南首富。

鲍志道致富后,即上助朝廷,带头并发动众商捐银2000余万两,粮食12万余担;下为民众办慈善事业,独资修建扬州一条街道,重建歙县古关古虹桥,修复歙县紫阳书院、山间书院,襄助学子膏火费,在修建歙县河西(太平)桥时,他也出资最多;他又在棠樾故里倡修祠堂、牌坊、街道和水利设施，置义田等。

鲍漱芳继承父业，担任两淮总商之职，使盐业经营又有新发展。嘉庆十年（1805）夏，洪泽湖塌坝成灾，湖边百姓嗷嗷待食，鲍漱芳以盐运使之名义召集众商，决议公捐米六万石。不久，淮河、黄河洪水泛滥，千里黄淮一片灾荒，他又倡议公捐麦四万石。他还捐银数万两，疏浚河道，沟通水运，使河区百姓得以安定地生活生产。鲍漱芳的乐善好施之举，从规模上大大超过其父，因而屡次受到清朝廷的恩典，在荣誉职衔上从优议叙加十级。鲍漱芳的弟弟鲍勋茂由举人任内阁中书，后历官至通政使司通政使。鲍漱芳亦因弟弟而被赠通政使司之职。乾隆皇帝南巡扬州时，他恭逢圣驾，应制"献赋"，被召入宫。后来，他又有捐助江南防守费、捐款筑淮扬千里河堤、集刻《安素轩法帖》等善举。

鲍漱芳之子鲍均，亦平日自奉节俭，却见义必为，凡族中祠墓有关宗祀之事，从不吝惜资财；对生活贫困者，也慷慨周济；还捐资修府学文庙、文昌阁与尊经阁两学署，并重修忠义祠。

鲍志道、鲍漱芳、鲍均祖孙三代的种种仗义疏财行为，得到了官府和百姓的赞誉，因而奏请于朝，遂以"乐善好施"得旨旌表建坊。

追宗念祖骢步亭

在棠樾七座牌坊逶迤纵列的甬道正中，还立有一四角攒尖式凉亭。它屋角翼然，下悬风铎，顶端宝鼎呈四方形，远看如旧式官帽，遂俗称"官帽顶"。东西两面有墙，墙中开门，门额上有隶书"骢步亭"三字，甬道自东向西穿门而过；南北两面敞然无墙，却置有通墙石凳，据说原来石凳上还安有"飞来椅"；亭内立有八根石柱，其中四根半隐于墙中，顶部装有天花板，梁架遂不可见；亭座下砌有半月形涵洞，引水注入亭下小溪，据说原先人们坐石凳上，倚飞来椅，可闻溪水淙淙如琴弹鸣，甚是悦耳动听。

此亭建于明代隆庆年间，建造者为棠樾人鲍献书及其侄鲍元臣。鲍献书，字文与，曾任贵州都匀府知府。他们叔侄二人建此亭并取名"骢步"的本意是，为纪念鲍姓先人西汉（监察）御史鲍宣。鲍宣一家祖孙三人皆任御史之职，且有直言敢谏、无所回避之气概，为时人及后世所称颂。御史常乘青骢马出巡，路见不平之事可依规先斩后奏。鲍家先祖汉代有鲍宣祖孙三御史，明代亦有鲍象贤在嘉靖年间任（右都）御史，因而建亭并名"骢步"，除有纪念鲍宣之意外，又有褒扬鲍象贤之心。

"骢步亭"经岁月剥蚀而屡圮，富有的棠樾人亦屡加修建，现存遗物便是清代乾隆年间的作品，而三字隶书题额，则是清代著名书法家邓石如的手笔。据载，清乾隆四十六年（1781）前后，邓石如还未出名时，辞别了他的恩师，简装南下徽州歙县，与经学家程瑶田、编修张惠言、状元金榜等徽歙名流结识，并得到他们的帮助和宣扬，金榜又举荐他去谒见居朝廷尚书之位的曹文埴。在他们的提携下，邓石如的书法声望日渐隆起，后来竟号称"国朝第一"。这时，棠樾鲍氏官商正值鼎盛之际，他们建祠堂、修社庙、竖牌坊、复古迹，大兴土木，大办义举。为了使自己的义举壮大声色，便敦请天下名士为庙堂祠社撰记、书联、题匾、镌额。邓石如此时书名亦盛，一闻棠樾义举，便不请自去。惺惺相惜，款待自是隆重。鲍家如此知遇，邓氏自然感激，于是气爽神怡，笔酣墨畅，为棠樾挥毫留下一处处法书手迹，其中有鲍氏宗祠抱柱楹联一副"慈孝奕世无双里，衮绣清朝第一乡"（隶书），还有"龙山"（隶书）、"世孝祠"（隶书）、"骢步亭"（隶书）、"文会"（篆书）四幅匾额和544字的刻漆大屏门隶书《鲍氏五伦述》，从而使棠樾牌坊群的文化大放异彩。

清官廉吏

官吏乃国家行政管理人员，在现代是为人民服务的公务员。历来民众要求他们清如流水而不浑，洁身廉明而不污。徽州历代人才辈出，为官作吏者众，其中不乏清官廉吏，且流传着声名卓著的故事。

"贞白先生"郑千龄

在歙县郑村镇热闹的大街上，有一座始建于元朝末年的两柱牌坊——"贞白里坊"，在经历600多年风云岁月后，仍向今天的人们叙述着一位操守清廉、卓有惠政的官员的故事。这位官员，就是被当时尊谥"贞白先生"称号的郑千龄。

郑千龄生于南宋景定六年（1265）十月，其父郑安是宋元交替之际被推荐任职的布衣县令，逝世后被民众立庙祭祀。受其父影响，郑千龄幼年时即显示出卓越的品质，如7岁时听人讲《吕东莱春秋》，过后就能向他人衍说其中的内容。稍大些时，他师从鲍云龙先生（字景翔，号鲁斋），虚心躬行为学，品行、学识都得到很好的培养。成年后，他随父亲郑安进入京师，出入诸公贵人之家，得到众人翕然称许，尤其是被礼部、吏部尚书推荐，获得八品的待遇。后来，因父亲去世，他按例在家守孝三年。直到元大德元年（1297），郑千龄才被授予宁国路太平县弦歌乡巡检，管理乡镇社会治安。他不嫌官小，认真做好分内之事。当时有个徐道者以妖术惑众，说只有把市场迁上山去，才能避祸祈福。郑千龄即擒住该道者，戳穿他的谎言。他还设布方略，察奸防盗，使百姓安居乐业。治安好转后，郑千龄在官舍旁买地构建"弦歌书院"，亲自讲学授课，讨论典籍，教育了许多青年人。

元大德六年（1302），郑千龄调任镇江路丹阳县延陵镇巡检。他深知搞好社会治安必先教育民心的道理，所以一到任，就拜谒吴季子庙，召集当地父老说："当年，吴季子不争王位，谦让出走，道德之风虽历百世，至今犹在，他的后人能做盗贼之事吗？请诸公代我向各家各户表达此意，不要陷入刑辟之网。"于是远近化服。治安好转，郑千龄就努力做其他有益于百姓的事。当时，洪水冲决练湖，他受郡府之命督导治理。他身负畚锸，率先士卒。虽然风雨交加，他仍然夜以继日地奋战，终于带领百姓治服水害。不久，他因母丧而按例离任守孝。

元至大二年（1309），守孝期满的郑千龄调任处州缙云县美化乡巡检。当时，有个大盗啸聚成群无赖，往来于温州、台州、处州、婺州之间，大白天也肆行抢掠，不仅百姓不敢言问，连官吏也无可奈何。新任巡检郑千龄觉得不治盗贼便是失职。他当即暗中组织人员察访盗贼行踪和作案规律，在摸清盗情之后，组织壮士藏匿于草丛之中，又将巨大石块集于山上、道旁，伺察盗贼经过，立即飞石击之。盗贼惊慌而逃，草丛中的壮士奋起追擒，将盗贼尽数围俘，使当地治安迅速改观。皇庆二年（1313），治盗有方的郑千龄调任建康路江宁县江宁镇巡检，在任职六年中，他尽职尽责，又为当地治安立下功勋。离任之日，送行的人蜂拥遮道，舍不得他走。但他公命在身，只得举手拜泣而去。

担任巡检多年的郑千龄，直到55岁时才得到升迁。元延祐六年（1319），他被任命为建德路淳安县县尉。此职掌一县之军事、治安。淳安县处万山之中，甚多密林深谷，是盗贼出没之处，治安形势严峻。但郑千龄到任后，威慑盗贼，各皆悄悄隐去，唯有千户汪元宝依旧贪酷害民。郑千龄闻知，认为这就是盗贼横行的原因，决定铲除。他当即整理汪元宝的罪状，上告府、省，罢免并治其罪，使境内顿即安宁。治安好转后，他着手做了建朱子祠、编修淳安志书、修县尉衙署、推举邑内文士等等实事。五年后，他调任徽州路祁门县县尉，还代理了一段时间的知县，断了一些久拖不决的案子，平息了许多诉讼，修了县学。县尉衙署为风雨所坏，他拿出自己的钱维修。他办事身先士卒，部属们都争先恐后地干事情，整个祁门县政风、民风焕然一新。人们都尊称他为"郑公"。所以，到郑公离开祁门时，县民扶老携幼送他出门十余里，一路呈络绎不绝之势。

元至顺元年（1330），郑千龄任从事郎、泉州录事，为从七品的掌管州内总录文簿的官。当时，朝廷中有人奏言：泉南沿海多有外番进来宝货，应当选择既廉洁又能干的人担任守令。朝廷即起用郑公迅速就职。年已66岁的郑千龄叹道："我已经老了，不要一不小心以贪介取辱。"当即手书致仕奏章呈上朝廷，以求告老。次年四月，郑千龄病卧于杭州客舍中，其子郑玉侍奉在侧，他坦然地说："想我平生皆无可愧疚者，可以到九泉之下见先人了。"说毕，瞑然而逝。他死后，身边没有遗留多少衣物钱财，不过布被破靴而已。还是他的朋友、宜兴人王仁源到亲朋处借贷才买来棺材予以收殓。当郑玉持丧坐船沿新安江而上经过淳安时，许多淳安人到江边啼哭迎送。

郑千龄颜目清古，性格恬淡，无所嗜好，穿布衣如着锦绣，吃粗粮如尝膏肉；乡邻有贫病患难者，他及时救助；与人谈话，总是循循善诱以孝义忠爱；不饮酒，但招待宾客，亦稍陪一点欢乐；进入郡县从不骑马，行走于市井之间，从不前呼后拥，唯有一童相随；当官临事，却刚毅奋发有为，不阿谀长官，不奉承风旨，属下僚吏莫不敬重；他前后担任捕盗官几十年，不曾骚扰过百姓，而功绩在县令县丞之上。总览其一生，是职专势微，德不及大施、才不获尽展也。其时，有县尹吴暾、涿郡副使张士弘、太原教授王萱等与郑公的门徒联合具辞，以郑公德行明洁，正直不回，请给谥号"贞白先生"。第二年（1332），里中父老向有司衙门请求改"善福里"为"贞白里"，并建里门，立石刻辞，以表彰郑公之德。1333年，朝廷准奏，赠其承事郎、徽州路休宁县县尹及从六品的职衔，封赠他妻子汪氏为宜人。不久，"贞白里坊"建了起来，坊上"贞白里"三个篆书大字为奉政大夫佥浙江东海右道肃政廉访司事余阙手书；匾额上的《贞白里门铭》为翰林院国史院编修程文所撰。此门坊明清两朝多次重修，今为省级重点文物保护单位。

清廉正直潘状元

距离1770年新年不久的一个清晨，在苏州北园二图马医科巷的躬厚堂内，年过半百的候选布政司理问潘冕正沉醉在梦乡之中，突然间有一头麒麟驾着祥云，从杳杳太空中奔腾而降，坠于地上，竟化为一个天庭饱满的婴儿，呱呱直哭，不由得猛然醒来。然眼前哪有什么麒麟？不过呱呱不止的婴儿哭声却切切实实地在耳边响着。此时，他才想起三子潘奕基的妻子黄氏正处分娩之期。他连忙起床，将灯火拨亮。老妻汪氏恰巧推门进来，告诉他三媳生了，是个男孩。他不禁为刚才梦中的异兆而高兴，当即取名世辅，小字为麟。这个婴儿就是25岁高中状元的潘世恩。

苏州马医科巷潘家，祖籍安徽歙县大阜，清康熙初年，潘世恩的五世祖其蔚公（名景文）与其父筼友公因经营浙盐自钱塘往来吴地，迁居苏州。生有异兆的潘世恩，幼年、少年和青年皆不同凡响，4岁入塾，8岁能背诵《诗经》，16岁中秀才，24岁中举人，25岁赴京参加会试，虽只中第86名贡士，然而殿试却高中一甲一名，成了赫赫状元。

中状元的潘世恩，即授翰林，得到朝廷重用，以纂修《八旗通志》、协修国史，端方谨慎，办事认真，成绩显著而连连获升，到30多岁，即先后任礼部、兵部、户部侍郎，成了二品大臣。最能体现他勤恳工作、清廉正直的是他三任学政。学政是掌握一省教育的长官，由朝廷在京官中选进士出身者担任，清嘉庆四年（1799）八月，31岁的潘世恩奉命提督云南学政，九月即回苏携家眷启程。云南地处边疆，路途遥远，交通崎岖，他不顾辛苦，欣然前往。次年正月，春节刚过，他即按试（巡查并主持各府府试，在生员秀才中选拔上报朝廷的贡生）云南景东、永昌、大理、楚雄诸府，一路鞍马劳顿，兢兢业业，直至五月才回省城，按试云南府。到十月，又复按试楚雄、大理、永昌、景东诸府。当时，云南省办理考述事项的书吏们的工食之费，政府一向是不承担的，所得都是收取新生的红案银子，这无疑增加了新生的额外负担。潘世恩见此，即出示禁革，认为书吏等既不能枵腹办公，但费用亦不能向新生提调，改归由各县学、府学承担，初覆、再覆每卷各五钱，此外不得丝毫有所取。此举，士子们皆为悦服。嘉庆九年（1804）八月，潘世恩正忙于主持浙江乡试，又得圣旨放任浙江学政，他于九月发了乡试榜后，才接浙江学政大印。到任后，他即勤勤恳恳地忙着本职工作。从嘉庆十年二月到十二年三月，他马不停蹄地按试浙江省所属宁波、台州、绍兴、杭州、湖州、嘉兴、金华、处州、温州、衢州、严州等府，训导全省各地学事，兢兢业业，实心勉励，整顿士习，并随时向朝廷密奏两浙吏治民风以及洋匪情形。他的忠诚实干且颇有作为的作风和实绩，甚得朝廷信任，潘世恩第三次担任学政即江西学政之职，是嘉庆十五年到十七年，此时他已是年过不惑的中年人，是从政十多年的老手了。但他不改清廉正直、端方谨慎的风格，脚踏实地地先后按试江西省所属瑞州、袁州、吉安、南昌、抚州、建昌、南安、赣州、南康、九江、饶州、广信、宁都、临江诸府。在按试中，他一丝不苟，发现笔迹不符、文理不符、卷面不符等作弊行为，立即认真处理，或端坐堂皇、另编堂号；或取其供词、发提调严办；或扣除发审、廪保斥革。经严办后，各地弊端渐渐减少。在按试中，潘世恩还关注当地社会治安状况，向朝廷奏报江西省"向有担匪，纠伙结盟"，危害百姓之事。潘世恩虽然感到工作比较劳苦，但见到所选拔中可得到一些真才，心中仍很欣慰。嘉庆十七年（1812）十二月，44岁的潘世恩得旨授工部尚书。这是朝廷对他工作业绩的肯定。

主持乡试、会试，担任典试主考官，是潘世恩宦途中的重要职场。他从嘉庆四年（1799）三月以侍讲学士之衔第一次充任会试同考官起，到道光二十七年（1847）主持丁未科会试，已是第八次担任考官，这年他已79岁，职衔是位居极品的内阁大学士。在八任乡试、会试考官中，他依然清廉正直、端方谨慎、恪尽职守，不敢有半点马虎，从而为朝廷选拔了大批具有真才实学者。如所取解元诸葛光泰、会元马学易、夏子龄、吴敬羲、许彭寿，状元吴钟骏、林鸿年、李承霖、张之万等，皆成朝廷栋梁。道光三十年（1850），他82岁时仍"蒙恩召对"，遵旨保奏人才，推荐前任云贵总督林则徐来京听任，称其"历任封疆，有体有用，所居民乐，所去民思"。又保奏前任福建台湾道姚莹等，使贤才云集朝廷。潘世恩一生为官缜密，安静能识大体，大学士和珅曾拉拢他，他婉然拒绝。所以在四次官员京察中，皆被称为"克勤克敏，矢慎矢公"；所以在清代嘉庆、道光、咸丰三朝中都深受重用，担当朝廷重臣。他总裁宫廷文字，先后充任咸安宫、续办四库馆、文颖馆、武英殿、国史馆总裁。他职掌翰林院，从教习庶吉士，到掌院学士，到上书房总师傅。他屡任殿试、朝考阅卷大臣，先后达20多次。他职掌朝纲，位极人臣，除先后任过工部、户部、吏部尚书，都察院左都御史外，还先后任体仁阁、东阁、武英殿大学士，晋太子太保、军机大臣。他70岁、80岁时，都得皇上赐寿、题匾、加恩。

咸丰四年（1854）夏四月，潘世恩以86岁高寿逝世。朝廷如例祭葬，谥号"文恭"，特旨入祀贤良祠。咸丰皇帝称赞他"立品端方，学问醇正"。享如此隆重恩荣者，有清一朝，不过七八人而已。

为政廉明江秉谦

　　在歙县县城大北街朱家巷口，耸立着一座双柱一间三楼的牌坊。额枋上刻有"龙章再锡""豸绣重光"的楷书大字，表明了这座牌坊旌表的主题；额枋上还题明了受旌表者的职务和名字，即"赠文林郎山西道监察御史江应晓，庚戌进士山西道监察御史江秉谦"。江应晓和江秉谦是父子，江应晓的职务称号，乃是因儿子江秉谦的职务称号所封赠的，属于一种荣誉称号。他的经历事迹，县志所载不多，只介绍他字觉卿，曾任涪州通判，著有《对问篇》《嚣嚣集》等。牌坊上所题"龙章再锡""豸绣重光"所包含的故事，道的是他儿子江秉谦的遭遇。

　　据民国《歙县志》载，江秉谦生活于1564年至1625年，那是明代嘉靖至天启年间，也是明代的末期，是奸佞横行的时期。江秉谦，字兆豫，号瞻坡，徽州府城上北街人。万历三十七年（1609），已是46岁的江秉谦参加乡试，得中举人，这是他多年奋斗的结果，确实来之不易。不过次年他即连中进士，还算幸运。中进士后，江秉谦被授职担任浙江鄞县县令。比起封疆大吏来说，这只不过是七品芝麻官，但他接触百姓，所作所为皆与百姓休戚相关，干好了，是百姓的幸福；反之，则是百姓的灾难。江秉谦是一位称职的好县令，为政清廉，善察民情，关心民众疾苦，对作奸犯科者则严查仔细，严惩不贷，因此作奸犯科者对他很畏惧，而善良的百姓则对他怀情感恩。当时，有一些福建的商人在海上从事贸易活动，被海上巡逻的士兵所抓获，并被诬为倭寇，逮捕入狱，牵连了数百人。江秉谦却不草率从事，而是进行充分地调查，证明他们的确只是普通商人，而非倭寇，遂据实力争，使他们得以平反释放。这件事甚得老百姓的称赞，也传到了朝廷，得到肯定。江秉谦不久就升任京中御史，担负巡视京中南城之责，他又屡次上疏，请求朝廷兴修屯田，疏通被壅堵的堨坝，广泛延揽人才，罢黜奸邪之人，这在当时的局势下，是需要有很大勇气的。

当时，东北的后金势力已逐渐强大，且觊觎着明朝的疆土，向南扩张。身任辽东经略之职的熊廷弼，召集流亡，整肃军令，训练部队，加强防务，使后金不敢向明军进攻。但明熹宗朱由校即位后，宠信宦官魏忠贤，却将熊廷弼排挤去职，结果，当年辽阳、沈阳二城即被后金军攻下。军情报到朝廷，朝中众官吏力举熊廷弼复职，江秉谦也是其中积极的响应者，终使得熊廷弼再任辽东经略之职。但魏忠贤及其党羽郭巩等将他们信任的王化贞推举为广宁（今辽宁北镇）巡抚，并掌握辽东军中实权，使熊廷弼有职无权。江秉谦对此不胜愤慨，再三上疏辩争。然而当时，魏忠贤恣意妄为，横行霸道，使朝野官吏民众都危疑胆寒。江秉谦却牢记身为御史的职责，会同诸谏臣冒险联名上疏弹劾魏忠贤及其党羽。于是引起魏党的痛恨，怂恿熹宗皇帝，将江秉谦贬往外地任职，又派出锦衣卫四处搜捕反对者，制造冤案。此时，江秉谦自度难逃此劫，而溃疡病又一直缠身，于是在忧国愤时之中，病情加剧而于天启五年（1625）逝世。然而魏党仍不放过江秉谦，在他死后四个月，矫作圣旨削去了江秉谦的仕籍。

两年后，天启皇帝逝世，崇祯皇帝即位，魏忠贤及其党羽被诛灭。江秉谦作为受魏党迫害的为政廉明、忠贤刚直的大臣之一，得到了平反改正，并恩赐建牌坊以作旌表。所谓"龙章再锡"，即忠诚贤良的江秉谦得到了皇帝的再度恩赐；所谓"豸绣重光"，即江秉谦所穿的豸绣补服重放光彩。这表明历史终是公正的，一片丹心终照汗青。

"天下治行第一"张光祁

　　在歙县南乡石耳山山脚下，有个古老的村庄叫黄备，该村很有些值得称道的东西。一是那里有 50 多米长的水口坝，古木参天，浓绿茂盛，自明朝以来，掩映着古老的屋宇，将整个村落衬托在山光水色之中，显得古朴而秀丽。二是那里有一座硕大的古祠堂——张氏宗祠，虽说历经岁月沧桑，只剩下中间一进，但那宏伟古朴的雄姿依旧存在，令人赞叹。三是那里在历史上出过一些名人，曾高中 3 名进士，分别是张一桂、张光祁、张都甫，尤其是张光祁为官清廉勤恳，得到清朝廷赐匾，获得了"天下治行第一"的崇高赞誉。

　　张光祁，字云仲，生于 1607 年，卒于 1651 年，享年仅 45 岁，可谓英年早逝。清顺治四年（1647），41 岁的张光祁经多年的奋斗才得中进士，踏上仕途，因而他很珍惜自己的努力，决意在有限的宦海生涯中，尽自己的力量，为国家、为百姓做些有益的事情。张光祁入仕途的起点颇高，很快就担任了南阳府邓州（今属河南）知州。当时，邓州正处于明末清初战乱之后，城乡各地十室九空，土地抛荒，草莽遍布，民不聊生，摆在张光祁面前的是一个百废待兴的艰难局面。立志有作为的张光祁在困难面前没有畏缩，而是敢作敢为。他先是对百姓加以安抚，要求大家要把自己的田地种好，并招徕民众开垦无主的荒田。他深知大多数农民的困难，允许治下农民用草鞋、鸡蛋等零星产品来抵交税赋。这样，既解决了农民的负担，又完成了国家的税赋任务。那时，清朝廷正发兵湖南，征服新的领地，要求后方为征战作军需准备。张光祁领受了督造战舰的任务，由于他谋划有方，圆满完成，使前方军需得到接济。这时，邓州境内还残存有土匪强盗，张光祁深知他们本是良民百姓，乃是当时兵荒马乱的局势逼良为盗。因而他不主张武力征讨，而是前往山寨，动之以情，晓之以理，劝谕感化，众"匪盗"都被他说得感激涕零，立即就抚。

清顺治七年（1650），张光祁任职期满。他治理邓州三年，清操不渝，行为举止卓异，百姓交口称赞，朝廷也很满意，因此赐他蟒服，用以表彰，而且提升他担任礼部仪制清吏司员外郎，到朝廷任职。正当他即将进京赴任之际，黄河大堤决口，滔滔洪水淹没了土地、村庄，百姓又处于水深火热之中。张光祁不忍就此离去，而是组织民工，带头上堤治理水患。他一连七昼夜没有人公署休息，竟然因劳累过度而猝然逝世。因为事迹十分感人，所以朝廷给他赐匾，称赞他"天下治行第一"。

开封有个"吕青天"

"开封有个包青天"，这是电视剧《包青天》中的一句脍炙人口的歌词，赞扬北宋仁宗时期开封府府尹包拯秉公办案、为民伸冤的事迹。其实在包公之后不久，开封府又出了一个"吕青天"，同样精识过人，辩讼立断，豪恶敛迹。他就是歙县人吕溱。

说起歙县吕家，据清嘉庆《新安吕氏宗谱》记载，新安吕氏始祖吕渭，此公在唐代大历末年任殿中侍御史，是朝廷监察之官，因向皇帝谏言而犯了忌讳，被贬到歙州任司马。这是州刺史下的三等属官，而且被贬任此职的一般不能参与公事，等于闲职。吕渭无奈，只得举家迁歙。后其孙吕安衡亦在歙为官，遂入籍歙州。到北宋时，吕家仍世代为官。如吕裕，官至兵部侍郎，他是吕溱的曾祖父；吕文，官至太子左赞善大夫，他是吕溱的祖父；父亲吕士元也官至县令。北宋大中祥符七年（1014），吕溱即在这个世宦之家诞生了，当时他家在歙县西乡的向杲村（今属歙县郑村镇）。后，其父将家迁往江都。

吕溱既生于官宦之家，自然深受文化熏陶，他常在家中藏书楼上孜孜不倦地读书。俗话说，一分耕耘，一分收获。吕溱和其兄长吕渊都得以考中进士，吕溱还在殿试时，被宋仁宗钦点为状元，那是在北宋宝元元年（1038），吕溱25岁。中状元后，吕溱被授职担任将作监丞，即负责朝廷土木工程。官职虽不大，亦不是要职，但吕溱认真去干，做出成绩，甚得信任，后来不断得到升迁。先是任亳州通判，为州长官的副手，握有裁决、掌管州府公牍和监察官吏的实权，亦号称"监州"。后任著作郎、直集贤院、《起居注》同修官，记录皇帝起居、朝廷要闻等，是为史官。吕溱在任职中，耿直敢言，颇为当时朝廷内外推许。但终因参与弹劾翰林院宴饮的事情受到牵连，被外放出任知州，先后任蕲州（今湖北蕲春）、楚州（今江苏淮安）、舒州（今安徽舒城）知州，职掌一州之政事，为百姓做了些好事。任满后，朝廷复起用他修《起居注》，在集贤院中继续编撰史书。

北宋庆历五年（1045），陈执中任宰相。吕溱因修《起居注》，了解陈执中为人奸邪的品行，就上疏仁宗，陈述此人不可重用的理由。但仁宗不信，将奏疏退还。吕溱坦然地面陈仁宗说，臣以口舌论人是非，似不是光明之举，但臣愿把奏疏交陈执中过目，让他自己分辩臣的疏论，是否事实。仁宗点头称善。不久，陈执中即被罢去宰相。

北宋皇祐四年（1052），岭南守边官侬智高起兵反叛。消息传到京师，朝廷大臣有些浮动，仁宗皇帝便下诏不准将邸报通告各地，以免造成全国躁动。吕溱却劝谏仁宗，不要封锁侬智高叛变的消息，而是要使各方都知道，以警报各地，共同防备。仁宗认为他讲得有道理，便依从之。不久，叛兵被灭。吕溱也因此被升为知制诰之职，充任为皇帝起草诏令和机要文书。他办事谨慎、敏捷，又得仁宗信任，派他出任杭州知州。在杭州任上，吕溱明达善议，极受当地名流推许；但他自贵自重，风节矫矫，正直敢为，办事讲话都果断简洁，他每日接见宾客，所谈不过数语，便解决问题，人称"七字舍人"。朝廷亦赞"杭州治状为两浙第一"。任满，朝廷又召回吕溱，任翰林院学士。后，吕溱以侍读学士出任徐州知州，行前，仁宗皇帝在资善堂赐宴与他饯别，并派使臣转告他：此宴特为卿所设，卿可尽情一醉。自此以经筵外放赐宴成为惯例。徐州任满，吕溱转为成德军知军。当时朝廷正朝议开挖六塔河的事情，宰相文彦博主张此事，吕溱却请罢开六塔河，不巧当地发生地震，开六塔河作罢。后，因与都转运使李参意见不同被夺职，召回京师，在吏部内做事。

　　治平二年（1065），吕溱重被起用授池州知州，后累迁任江宁府知府、给事中、集贤院学士，加龙图阁直学士。到熙宁元年（1068），升任开封府知府。当时，包拯之后的几任开封府知府皆不称职，新登基的宋神宗知吕溱能干，故重用其为开封府知府。吕溱果然不负信任，以精识过人的敏锐力果断办案，辨讼立断，使豪强恶徒很快敛迹，被人们赞为"包青天"后的"吕青天"。神宗皇帝专门召见他，询问京师吏事民情。吕溱侃侃而谈，不留半点隐情。神宗见他面有病色，遂勉励他要医治服药。他并不在意，仍然敬业办案。但他已是有病在身，不久便患重病。神宗即改任他为枢密院直学士，提举醴泉观，充任闲职。然而他没多久就病逝了，享年仅55岁。神宗对吕溱的逝世甚为痛惜，称赞他"立朝最孤，绝迹权贵"，直节可嘉。卒赠其为礼部侍郎，且其家贫子幼，诏令优厚安抚，赐葬故土。

第五辑

徽州轶闻

在明清一些笔记小说中，载叙了一些徽州轶闻，今据以编写以飨读者。这些徽州轶闻中的鬼魂附身、神祇化身诸事，皆是旧时文人之笔法，不可当真而深信也。

一文钱浪子复兴

清代姑苏城内有家布店，店号"一文钱"。说起这奇怪店号的来历，却有一番曲折的故事。

起初，有徽商二人，不知姓名。姑且以甲乙称之。此二人合伙挟重资从徽州到苏州经商，那时，他们仗着口袋丰满，并未尽心经营生意，而是各自昵爱一姬，日日迷恋，沉醉曲栏，不吝挥霍，这样很快便囊中羞涩了。两姬虽在风尘之中，却也是颇有见识的女子，而且也不是刻薄之人，于是当夜半无人时，她们便对甲乙二商谈起肺腑之言来："二位客人，自古来，勾栏中老鸨是不好相识的，客人有钱便奉为上宾，无钱即屏挡门外，这种事情比比皆是。近日来，看你二人囊内资金已渐次萧索。你们挟重资背井离乡是来赚钱的，如今却为妾等耗费殆尽，若不早图脱身之计，还有何面目归见家人？但愿君等深思。"此时，甲乙二商听这番肺腑之言，虽深以为然，只是对二姬都恋恋在心，不忍割爱，依旧苟且偷安；只要老鸨有所求，依然百方谋划，以满足其欲。然而欲壑难填，到后来以致将所携之物典当殆尽，遂遭老鸨冷言冷语，并狠下逐客之令。二姬对甲乙二商说："如何？君等不听妾言，以致今日，妾等不幸身堕下流，实非心中所愿。承蒙君等厚爱，妾等铭刻在心。看二君不过是暂时落寞，必然不是久困之人，不如暂时与妾等别离，努力谋图恢复。妾等当誓死等待与二君聚首，以报厚爱之恩。"话毕，各向二人馈赠白银五十两，叫他们早早离去。甲乙二商不得已受金挥泪而别。

当时年岁将暮，二位徽商暂去一家酒垆，对酌几杯以御寒，并买一些食物充饥。二人心绪烦恼，饮食出店，竟然忘记将二姬所赠之金随手带回，直到寓所才发觉，待他们急返酒垆却已是寻觅不得，只得怏怏而归。然而住了两天，旅店主人即来促索店钱，他们已经身无分文，只有勉强典衣应付。如此一来，行李已空，二人黔驴技穷，便过着日间街头行走，夜晚寄宿古刹的流浪生涯，也没脸再见二位善良的姬女，经过姬家之门皆避道而行。

已是到了除夕之日，薄暮之时，姑苏城内处处张灯结彩，喜气洋洋，而二位末路的徽商却只能拾来一些枯枝，在一座破庙中就地燃火取暖，相对唏嘘嗟叹。甲商忽地从腰袋中摸出了一文钱，但他看也不看，便掷在地上，叹息道："偌多重资都已散尽，留此一文钱又有何用？"乙商却忽然心动，急忙捡起来，说："这是仅存的硕果啊！天幸存此一脉生机，或许就是否极泰来之兆。"当即拿着那一文钱走出门去，回首对甲商道："你且在此稍待，我自有妙计。"甲商不知他是何意思，摇摇头，苦笑着，随他去之。好一会儿，乙商归来，只见他手中携带一些竹片、草茎、旧纸和鸡鸭毛等杂物。甲商甚为奇怪，问道："你捡来这些鸡毛蒜皮，要干什么？"乙商笑着，却不搭言，又从口袋中掏出一点面粉，放入碗中，再用水调成浆糊。然后，只见他就着微弱的火光，认认真真地将草茎缠在竹片上，再蒙以旧纸，又在纸外面遍粘着鸡毛、鸭毛，好一阵，一件物品做好了。然后他把那物件递给甲商，说："你看看这是什么？"甲商接过，端视一番，那物件宛如一只禽鸟。他仍不理解乙商此举是何意思，道："我二人正处此愁城之中，你还有心思作此儿戏之物？"乙商但笑而不答言，只顾自己做去，一个通宵，竟制成两三百只。到了天明，乙商将一半宛如禽鸟的物件交给甲商，并邀他一同去那玄妙观中。甲商仍未理解乙商的举动，很是疑惑。乙商却笑道："你只管随我同去，届时自有道理。"

　　玄妙观素为姑苏人游玩聚集之地，春日尤为旺盛，更何况大年初一，喜气盈盈。待甲乙二商到时，那里已是士女云集，熙熙攘攘，好不热闹。二位徽商的到来，立即受到关注，尤其是一些妇女孺童见甲乙二商手中所携带的禽鸟，都以为制作酷肖，纷纷求购，顷刻间一销而尽。每只十数文钱，竟共计五千多文。甲商至此，才感叹乙商心思灵巧，即问："一文钱作何用了？"乙商道："竹片、草茎、旧纸、鸡鸭毛等物，皆是从街市上捡拾而得，一文钱买来了面粉，岂不够了吗？"两人相与大笑。从此，他们二人购添各色纸张、杂鸡鸭毛，制作得更像禽鸟、人物、花草等状，夜间制作，白日到玄妙观出售。从春到夏才百日工夫，即盈利三千余缗。然后以此为基础，居积货物，经营诸类，无往不利。不到两年，积资数万。二人遂于苏州阊门边开设一家布店，大书"一文钱"三字作招牌，以志不忘创业之初。他们的生意越做越大，以后各具千金为那两位心爱且善良之姬脱籍从良。二姬各出私蓄相助二位徽商经营商海，不数年，他们便财雄一方。于是他们派人到徽州迎来眷属。两家相约，世为婚姻，延续两百余年，阊门外泰伯庙前"一文钱"三个金字的大招牌，一直辉煌照人。

观音化身试潘祖

　　歙县潘氏，乃唐代广明、光启年间，由潘逢时以闽人身份自福建三山来此，先后两次担任歙州刺史，任满后因多有德行善政，为百姓拥戴攀辕挽留，遂定居于歙县西部重地篁墩。他卒后被安葬于狮山之阳榧山营文笔峰，后人庐墓而居，其地后名潘村。潘逢时是为迁歙潘氏之始祖。传至其孙大震公讳瑶迁居歙南大阜。至明代崇祯之前，潘氏经商业盐，往来于浙江钱塘与徽州歙县。以潘逢时为一世祖，二十五世潘其蔚以商籍补杭州博士弟子员，并选任主事，寓居苏州，成为苏州吴县（今已改设苏州市吴中区和相城区）潘氏始祖。

　　潘氏家族数世巨富，因此虔诚奉祀观音大士，乐善好施，常年不倦。凡来求资助者，皆能如其所愿。还曾每日设米谷于家门前，并派专人管理此事，以赏赐前来乞讨之人，如此义举已达数年。有一日清晨，潘家刚开门摆下摊子，忽有一老妪携一竹筐前来乞米。管理人见她身弯发白，甚为可怜，当即给她一升白米。谁知她并没有离开之意，仍请求再给一些。管理人遂再次给她量了一升米，她竟然犹显未足，还求再给。管理人便认为她贪得无厌，大声呵斥她道："你这老妪，已经给了你两升，竟还想要，难不成全给了你才罢休？不要贪得无厌！"那老妪道："我一个老妪老远赶来，你就多给我一些，又有何妨？"管理人道："需要米的不止你一个，多给了你，那别人怎么办？"争吵声音传到内庭，主人潘氏祖忙出庭询问，知道缘故后，便问那老妪："老人家，你究竟需要多少米？"那老妪答道："我想得到米谷一担。"潘氏祖道："好，我答应你，但一担米很重，你自己也担不回去，你且叫人来担吧。"老妪大喜，立即叩首称谢，留下那竹筐而去，然而待至日暮，却不见人前来担米，再看她所留竹筐内原先所给两升米，已粒粒变成了珍珠。此时，潘氏祖才领悟出老妪为观音大士的化身，目的是试其是否真的诚心为善。

清代人钱咏所撰《履园丛话》卷17《德报》中，亦载有潘氏上祖一桩积德行善之事。那时潘氏上祖尚居乡中，他曾在一年除夕合家吃完年夜饭祭完祖放了关门炮入定后，作为一家之主拿着灯至厅堂，察看家内是否留有隐患，却见有一个人蒲伏于黑暗之中。他走近一看，乃是邻居之子，遂招呼询问道："你为何蒲伏于我家？有什么事吗？"那邻居之子却不吭声，只是低着头，露出一副尴尬之相。潘氏上祖轻声问道："不要紧的，有什么难处，尽管说出来，看能不能帮你解决，我们是邻居，不妨事的。"良久，邻居之子才开始低声说："老公公，是我自己不肖，喜好赌博，家财已被我输尽，还负债累累，今为除夕，讨债人逼得甚紧，不得已想做点小偷之事，素知公公家门户甚富，故乘夜至此。今突遇公公，劣行败露，我十分惭愧，无脸面做人了，唯求一死。"说着，跪在潘氏上祖面前。潘氏上祖问道："不必如此，年轻人还能不犯点错误，知道错了，从此改正便好，你还赌债需要多少金？"邻居子道："需要十两金子。"潘氏上祖呵呵一笑道："十两金子乃是小事，不难解决，你何不早告诉我呢。"说罢，要他站起来坐下。潘氏上祖即从内室拿来二十两金子给他，道："十两供还赌债，另十两可作本钱，做些小生意，今后勿要重蹈覆辙。我亦不把此事告诉别人，你也不须担心。"邻居之子接过金子，十分感谢，连连叩首而去。隔了十多年后，潘氏上祖带家人入山为家墓卜择地所，得一吉祥之壤，心中甚是高兴，当晚就居于一山村旅店。忽然有一对青年男女罗拜于前。潘氏上祖细看，原来就是当年除夕赠金之邻居子，感到惊奇。经过一番询问，知他得到赠金之后，立即戒除赌习，来到山里开此小旅店，不数年颇获利润，而且已娶妇生子了。那小夫妻俩见恩公到此，又是一番感谢。

由于潘氏祖上行善积德，福泽潘氏后人科第蝉联，一门出了一名状元、两名探花、九名进士、二十七名举人。一名状元为潘世恩，清乾隆五十八年（1793）状元；两名探花为潘世璜，乾隆六十年（1795）探花；潘祖荫，咸丰二年（1852）探花。另六名进士为潘奕隽、潘奕藻、潘遵祁、潘曾莹、潘祖同、潘尚志。其中潘世恩、潘祖荫祖孙俩皆官居军机大臣。举人潘曾沂有一方印章，刻有"祖孙父子兄弟叔侄翰林之家"，道出了苏州大阜潘氏的骄傲与荣耀。

刘商劝酒解甥冤

晚清的时候，徽州某县有一位汪姓男子，家中唯有一个老母和一个妹妹。那妹妹秉性幽娴贞静，及笄后嫁给邻村管姓之子为妻，亦务农为业。两家相隔十余里，本就素相稔熟，每每在集市中相遇时，汪某与管某都要在一起喝两杯，因此交情益发深厚。妹妹嫁给管某后，到一月头上便要回娘家住上几日，谓之归宁。到重返夫家时，兄长汪某便要驾马车送她回去，谓之送亲，此乃当地乡俗也。管某知内兄偕同而来，早备下酒肴与之痛饮，晚上汪某即留宿妹家。日子本过得安安逸逸，谁知天有不测风云，人有旦夕祸福，灾祸就要发生。

却说当地有个无赖小子，在汪某妹妹出嫁时，暗中观察着其妆奁甚是丰盛，遂于这天晚上穿墙洞钻入新娘房中，见桌上放有一个包袱，鼓鼓囊囊的，便立即抓起包袱掉头而去。哪知新娘惊醒，大叫："有贼！"新郎管某闻声亦醒，立即起身追赶。住在邻房的汪某也醒了过来，披起衣衫，跟在妹夫身后抬腿追去。窃贼慌忙逃窜。管某追贼数里，眼看将要追到时，那窃贼心中不禁恐惧，慌忙将包袱丢弃路旁而去。管某仍然追赶不已，追到身后，即一把抱住窃贼腰身。窃贼挣脱不得，便急忙抽出别在腰间的尖刀，狠劲向管某胁下猛刺起来。管某突遭袭击，当即颓然而倒。窃贼见管某倒地而毙，情知不妙，便窜回家中，慌忙带上一点东西连夜逃遁他乡。到汪某随后追来，见路边有个包袱，知道是妹妹的物品，四下一看，没见有其他人，他喊了几声妹夫的名字，也不见有人答应；他再一看，见此处离自己家已经不远，遂捡起妹妹的包袱回自己家中，觉得待到天明后再送还妹妹不迟。汪某哪里知道妹夫管某已为窃贼所杀。

天明以后，管翁因儿子久而不归，遂出门寻找。走了数里，却见儿子横尸道旁。这管翁面对血泊中的儿子，不是怀疑他为贼所杀，却怀疑起汪某来，因为汪某是随儿子身后追去的。他立即鸣告到县衙，说起心中的疑问。这县令姓黄，一大早闻知有命案发生，立即派衙役随同管翁一起去汪家。此时，汪某已经起来，见亲家管翁来到，立即出门迎接，并戏道："亲家所失衣物已为我所捡，正待早餐后完璧归赵，亲翁为何却带人匆忙前来？发生什么事了？"那管翁却不答言，气冲冲地径直进入汪家内室，一眼便见儿媳包袱放置桌案，顿时变了脸色。汪某见状，忙拿起包袱递给管翁，道："亲家包袱在此，现今既已亲来，就请拿回去吧。"管翁接过包袱却翻脸道："赃证并获，你便是杀死我儿子的凶手，还有何话说！"汪某这才心中大骇起来，道："我与妹夫乃是亲戚、好友，何来杀他？"然而不容他分辩，衙役立即上前将他逮进县衙。黄县令见赃物在案，便未曾多加审问，即对汪某毒施五刑，使其屈打成招，坐以因故致杀，拟定兄妹一并抵罪。两条年轻的生命就这样被断送了。

却说汪某有个娘舅刘某，深疑外甥受了冤枉，然而没有证据为其分辩，况且县里已经定案，便也无可奈何。过了几年，刘某经商到了关东，遇到一位同乡人，他乡相见自然两人都很高兴，遂相邀进入一家酒馆痛饮叙谈一番。交谈中，那人情不自禁地屡次以管家失盗之事盘问刘某。刘某心中甚疑，答道："那管家儿子冤枉之情已得伸冤了。"那人忙问："究竟是怎样伸冤的？"刘某道："县令已将他妻子和妻兄一并抵罪。"那人脱口惊道："这真是冤枉啊！"刘某听了，更加生疑，即知其言必有原因，便立即问道："你怎知是冤枉呢？"那人顿悔自己失言，遂支支吾吾难以答言。刘某觉得其中大有文章，便极力劝酒，那人不觉大醉。刘某便试以言语相诱，并说请他在自己生意上担当会计之事。那人甚为感激，便向刘某吐露真言："我同先生若非知交，此中隐情实不敢泄漏，那杀死管氏子者，实际上是我呀。我先前居乡时，落魄好赌，不得已于夜间到管家盗窃，不料管氏子穷追不舍，我将包袱丢弃路边，以为他得到就作罢了，哪知他继续纠缠我，还说认得我，要将我偷盗之事传扬出去。我想相邻数村皆熟悉我，此后何以见人？遂急抽尖刀刺之，使其毙命。然后潜逃此处，做些小买卖度日。实不知冤案连着几条性命。"刘某得知冤案真相，心中不由大恨，是眼前之贼子让自己外甥和外甥女蒙冤入狱，真恨不得当场宰了他，然而此身在外，不可轻举妄动，于是仍旧敷衍他道："大丈夫既往不咎，此等事应当缄密，请同乡不要对他人言了。"那盗贼唯唯点头。刘某遂邀他到自己住宿的旅店，继续再饮酒，终使盗贼烂醉如泥，卧眠床榻。刘某即请店主坐在门前守着，自己到官府鸣冤。官府即差衙役前往捕捉，到了店中，那盗贼仍熟睡未醒。捉到公堂未曾动刑即如实招供。于是将此大案移交发回本县。

　　再说那糊涂办案的黄县令，此时已调往外县任职，听到自己所办徽州之案，乃是一桩错案，真凶已然捕获，且移交发回徽州，心中极为忧闷担心，几乎有想死的念头。这个县有个姓王的武举人，一向虎气生生，冠盖县中，平日常奔走于公门，干一些鱼肉乡里的强霸之事。黄县令很高兴将他作为自己的鹰犬，两人相交甚为亲昵。这日，王武举又信步来到官署，却见黄县令似乎有一脸的忧愁和一肚子的心事，便询问是什么缘故？因一向视王武举为亲信，黄县令便将在徽州办了错案，现真凶已获，发回重审，自己将难脱干系等据实相告，并求道："王仁兄，还望你给我筹划一个善策，解救于我。"谁知王武举听了，仍然豪强地说："这事有何难哉！待我派个心腹之人，暗中贿赂监狱禁卒，想法将那真凶毙命于狱中，灭了口供，岂不将一桩难事化为乌有了。"黄县令虽觉得事情没这么简单，但自己一时也想不出别的好办法，便同意按王武举的计策行之，且派自己的侄子和王武举手下一个干练的仆人，带着许多金钱前往。果然，监狱禁卒得到贿赂，即毒死那贼凶，报了个暴病而亡，竟然把事情按黄县令的愿望办成了。

黄县令大喜，当即来到王武举家中，表示感谢。王武举留下黄县令饮酒叙谈，二人倾谈甚欢。正言谈间，忽然有一股旋风蓬蓬然在他们身后卷了起来。黄、王二人当即毛发都一根根竖了起来。黄县令不敢再坐，立即告辞。王武举便起身送他出门。待他回到家中，却见从内帐之中走出一个年轻女子，窸窸窣窣地走着，把个毛发本就竖起来、有些胆战的王武举弄得更加惊骇了。王武举正骇怪间，却见那女子也不吭声，又窸窸窣窣地往帐后走去而不见了。王武举更加惊骇，遂走过去揭开内帐仔细一看，究竟是何模样，然而却不见踪影。当即，王武举惊骇成疾，倒在床上，渐至不起。黄县令得知，急忙前来询问疾病情形。王武举即把自己所见告诉黄县令。黄县令又细问那女子的年纪和相貌。王武举细细言之。黄县令也当即惊得脸色发白，便托故辞出，离开王家。他深知此女子即徽州汪氏女也，是来索讨冤债的，他心里知道，却不敢对王武举明说。

却说，王武举有个外甥杜某，秉性倒也诚笃，在为一个富户经营钱行。王武举曾在这个钱行借贷过钱款，却仗着自己强横凶悍而不还，且数年来拖欠颇多。外甥杜某多次向他索债，都被他诟骂责怪，杜某也惧怕他的势力而不敢与他争执。但那富户却认为是他们甥舅二人合谋他的钱财，并告到官府。那官府素来偏袒王武举，根本不受理富户的讼词。富户无奈，只得逼迫杜某还债。杜某怨愤难平，却又为人刚直，便出卖自家的田产来偿还，却不足抵十分之一，于是家业已空，只得坐以待毙。这时，闻说舅舅病了，即前来探望。到王家时，王武举还坦腹在床，白昼沉眠。杜某将王武举唤醒，提起借贷还债之事。王武举即大怒，骂道："我以为你是来探望舅舅的，谁知你是来讨债的！我银钱是有，恐怕你拿不去！"杜某被骂，并没有针锋相对，而是依旧婉言哀恳，以至哭泣泪下。然而这个恶舅舅不为所动，辞色愈加严厉。杜某此时十分尴尬，心中想道：如此我进是死路，退亦是死路，不如尽早将此恶舅杀死。当下，他心一横，将亲情丢之脑后，从舅舅的枕头底下抽出一把小刀来，猛然向王武举刺去，刺中他的坦露之腹。王武举起而反扑杜某，然下床即扑倒在地，那刀刃已穿透其腹，血流而绝。等到王武举的两个儿子闻声赶来，杜某已经走出了门。但他也自思罪无可逃，遂直接来到县衙自首。王武举的两个儿子也随后跑到县衙。黄县令当即审问道："你杀害亲舅，却来自首，难道你不怕死吗？"杜某答道："怕。"黄县令又问："既然怕死，为何要杀人？"杜某答道："小人听说有这样的道理，叫做'杀人偿命，欠债还钱'，请问大人，是也不是？"黄县令道："是这个道理。"杜某又道："小人所以怕死，因为要偿命；所以不敢怕死，为的是要还钱啊！大人果然能为我追讨王家二子还钱，小人这条微命也就在所不惜了。"黄县令认为他言之有理，遂予以采纳，迫令王家二子尽快变卖家产以偿还其父欠下的债务。王家二子便托人到黄县令跟前说情，请缓些追债。此时，黄县令也怕因果报应，像王武举那样，便不敢再徇私了，对王家二子托人说情置之不理。上司也严格追讨王家二子偿债，遂把王家追得一穷二白。

到第二年春节，黄县令进省城向上司恭贺新年，前往督抚行辕拜谒。谁知，刚进辕门，他便不由自主地跪拜在地，像变了声音似的突然喊起冤枉来。督抚便问："你有何冤，请从实说来。"那黄县令就把汪家兄妹遭冤屈之事从头到尾一一道了，且诉说得甚为详尽，并说："杀王武举也是神灵所致使，而非杜某主观之罪也，望大人布施天恩，饶他一条性命；再作抵命，那就冤冤相报，没有了结的时候了。"言毕，他连连叩首，并要求把自己的口供记录下来。督抚即呼唤书吏，将其口供记录在案。录完后，督抚叫书吏把记录交给他自己看一遍。谁知那声音竟说："小人目不识丁，口供既录了，即请按罪依法究办吧，小人去了。"这时，那黄县令霍然醒来，督抚把刚才他所说的那一番话问他，他竟然一点也不知道。督抚便叫他看自己的供词。黄县令一看，全是所犯事实，便一一招供了。于是这徇私枉法、草菅人命的黄县令便至此伏法了。而杜某之罪得以减轻，后来恩赦得免，那富户重新委他以会计之职，没几年，生活即达小康。

老僧助解夙世冤

清代时，有个休宁人黄某在浙江东部经商，他畜养了一条来自西番的犬。这条犬不仅驯服于主人，而且秉性狡黠，能解主人心中的意思。所以黄某对它极为珍爱，每餐饮食都要留一点食物饲喂此犬，而到夜间睡眠时，则令它卧伏于自己的床下，平日里出入行止，皆须臾不离。

有一年年底，黄某自浙江东部返回徽州，在路过睦州时，因为错过了镇市旅栈而投宿一座寺院。寺院里一位老僧出门接待。忽然见客人身后跟着一条番犬，便问道："请问居士，你是从哪里得到这条犬的？"黄某便如实告之。老僧听了却喟然叹道："居士啊，你奈何要豢养这冤孽之畜？"这黄某听了，甚是错愕，感到老僧的话语甚为奇异，遂连忙叩首问道："鄙人庸俗浅见，不知夙世因果，愿求师父指点一二。"老僧起初却摇头不肯言明，后来经不住那黄某再三作揖要求，才说："这条番犬与居士的前世冤结甚是深啊，别看它现在对你十分驯服，但不久必当报复于你。"黄某听到这里，心中益发骇惧起来，遂扑身跪地，向老僧顶礼膜拜，企求明示解脱的方法。老僧忙伸出双手将他扶起，然后摇摇头喟然叹道："老衲本不合向着居士作此饶舌，然而佛法慈悲，又不忍坐视不管。居士须得谨记老衲的忠告：回到家里三日以后，夜间就寝之时，伺待此犬睡熟以后，居士须悄悄遁去，但遁去前，要取你素来所穿的衣衫多件，把衣衫结束成人的形状，置放于你安睡的被窝之中。此犬醒来必然要寻你，你任凭它作为，都不许现身。到此时，此犬寻求居士不得，必然气愤已极而自毙。然后居士须将它的尸体悬挂于深山中的大树上，待到它日久销化。如此，居士方可解脱自身的灾难。老衲的话，居士须谨记在心，切切勿要忘记。"听到这里，黄某不由双手合十，接受教诲。

回到休宁家中，黄某自然按照老僧的话去做，那番犬果然因为寻找主人不得，就跳上床去，将那些被子、枕头、衣物等抓啮撕扯得狼藉不堪，而且狂猖跳跃撞击不已，最终自己毙命。黄某归后，见此情状，大为称异，便按老僧的嘱咐，将那只已死之犬背到深山之中，悬挂于一棵大树上。过了一个月他再去深山察看，只见那犬的皮肉已经销化殆尽，仅存一些毛骨。他心中甚是高兴，这冤孽终于了结了。

不久，黄某又去浙江东部经商，并特地去往那睦州曾栖宿过的寺院，向那老僧说了处理的情况，并表示致谢。老僧淡然地说："居士不违背老衲之言，如此部署甚善。但你不要高兴得太早，因为此犬的怨气并未散尽，如今又已衍变为一条蛇。它知道居士必然来到此地，明日早晨将随着你的踪迹而到此地，决心与居士纠缠到底，如此奈何？"黄某听了老僧这番话，顿时大惊失色，浑身不由自主地战栗起来，他再次跪倒在地哀求老僧拯救自己。老僧又连忙把黄某扶起来，道："居士有幸遇到老衲，也算缘分不浅，合当老衲要自始至终成全于君。"说着，命几个小僧从内室抬出一只大瓮来，令黄某蜷卧于瓮中。黄某此时只得从之，立即钻进大瓮之中。老僧又命小僧抬来另一只瓮覆盖在黄某蜷卧的瓮上，两瓮合口之处还贴一道书符镇之。次日早晨，果然远远地游来一条大蛇。那身子粗如碗盏，而长竟有数丈。只见它盘绕大瓮有数匝之多，而且用尾巴扑打着，使瓮振振作响，终因有一道书符镇之，竟然不得撞开那瓮。此时那大蛇愤怒已极，猛然自裂自己的身体，一寸一寸地断了下来，终而绝命。这时，老僧才启开书符，命小僧抬开上瓮，将黄某从瓮中拉出。黄某连忙再次向老僧膜拜称谢。老僧笑道："老衲要恭贺居士，大冤已经解脱，从此无恙了。然而那冤鬼若知道是老衲饶舌之故，将来必与老衲作难。"黄某听此急了，道："如此奈何？"老僧微微一笑，道："老衲自有应付之法，居士可不必忧虑。"黄某大喜，拿出重金以作报酬。老僧拒不接受。后来冤结究竟如何了的，故书未载，写故事的人也就不得而知了。

曹学士饮猢狲酒

　　清代康熙甲申年（1704）春天，学士曹洛禋与友人潘锡畴一同游览黄山。行到文殊院，他们得到雪庄和尚的热情接待。主宾相对而坐，淡淡饮食。忽然间，席中之人竟然互相看不见脸了，仅仅各自露出一个头顶。曹学士和潘锡畴从来没见过这种情况，都甚以为奇。雪庄和尚淡然一笑，说："这是云彩飘过遮掩的缘故，云过去了，依然如故。"果然如此。

　　第二天，雪庄和尚带他们进入云峰洞，在那里，遇见一个老人。那老人身长竟达九尺，须髯长长，甚具飘洒之美，身上穿的是布衲之衣，脚上穿的是草织之履，正安然坐在一张石床之上。见他们进来，也没有多少热情之举。于是曹学士就向老人索要茶喝。老人笑道："此间区区一山洞，哪来的茶招待客人？请勿见怪。"曹学士随即将所带的炒米献给老人。那老人倒也不推辞，接过就吃了起来，高兴地说："老汉我有六十多年未曾尝此佳味了。"见他高兴，已不是进来时的淡淡模样，曹学士即叩问道："敢问老人尊姓大名？"老人捋捋长须，答道："我姓周，名执，曾经任过总兵官。在明朝末年时就隐居于此，到如今已有一百三十年了。此处乃是一个猿猴栖居之洞，曾经为众多猛虎所占据，众猿猴很想夺回来，却又害怕虎之凶猛，就招我来，我仗着一把锐利之剑，奋勇杀死了老虎及其同类，猿猴感激我，因而得以居住于此。"

听此，曹学士和潘锡畴都不禁环视洞内，但见床头置挂着两把宝剑，寒光闪亮如雪；台案上供着河洛二图和六十四卦，地上堆着数十张虎皮。老人见曹学士等看得入神，笑着说："明日，将有众猿猴前来给我拜寿，那情景更是颇为可观啊！"

老人的话尚未说完，已有数百只小猿猴成群结队地来到洞前，但是一见有陌生人在此，一个个都惊讶地蹦跳着，而且叽叽地叫着要离开。长须老人便对曹学士等人说："自从虎害被我所除之后，众猿猴感激我的大恩，每日轮班前来这里，供我驱使。"说着，他即向洞外众猿猴呼喊着："你们不要怕，这是来拜访我的客人，我将要请客，你们可捡拾些干柴来，煨烧山芋头待客！"洞外那些猿猴听到老人的话，立即欢乐地奔跃而去。过一会儿，它们一个个捧着干柴来到洞前，当即点火，很快就烧熟了山芋头，老人和曹学士等便一同兴高采烈地吃了起来。

曹学士曾听说过这里的酒更为佳美，若能得饮则更有兴味，即与雪庄和尚低声私语。老人见状，立即猜知曹学士的心思。只见他微微一笑，道："尔等请随我来。"说毕，他将曹学士等三人带出洞来，引至一道山崖之上。他扬手指道："你们看，那里是什么？"曹学士等随着他的手指看去，只见那里有一处如一只石履状的小凹槽，凹槽内有一汪澄碧的液体，散发着阵阵清香。老人说："这就是人们常说的猢狲酒。"说着，他拿出携带的杯具分递给三人，然后用一个小竹勺，将那澄碧而清香的酒一点一点地斟到杯具中，便与客人们共饮起来。那酒甘醇之味确是佳美，曹学士等都大加称赞，只听得曹学士赞道："此酒饱含天地之灵气，融风霜雨露而成甘霖，有幸饮之，快哉！快哉！"痛饮数杯之后，那老人顿显出一点醉态，只见他入洞取来双剑，飒飒地挥舞起来，那锐利的剑锋所指之处，银光闪闪，似扬起阵阵电火，如荡着浩浩天风，令人眼花缭乱。

旋舞已毕，老人偕同曹、潘二人回到洞中，雪庄和尚自回寺院。进了洞，那老人即枕依着虎皮闭目而卧，同时对曹学士道："你等若是饥饿，可随手捡取松子、橡栗等食之，我要睡了。"曹学士二人便依他之言取松子、橡栗而食，食后顿觉身体轻健，飘飘如仙。曹学士本常有病寒之症，至此已减去十之八九了。

后来，老人又引着曹学士到一道石崖上，见有个长髯白猿，坐在用松枝搭建成的高屋中，手持《素书》一卷，琅琅地诵读着，只是听不懂它读的是什么意思，但它的下面有千只猿猴在诵读声中向它膜拜而舞。此时，曹学士既惊奇且欣喜，急忙前去寺院中把所见情形告诉雪庄和尚。

然而，等曹学士拉着雪庄和尚一同前往时，却已不见众猿猴了；再进到洞中，止存那张石床，那长须老人却也不见了。

曹震亭汉江冤梦

歙县雄村人曹学诗，字以南，号震亭，清乾隆十三年（1748）中进士，曾经官任内阁中书，著有《香雪文钞》《经史通》《易经蠡测》《笠荫楼诗集》《黄山游记》等书。他在担任汉江县知县时，却发生了一件奇异的事情，这件事情被清代文学家袁枚写进了他的笔记小说集《新齐谐——子不语》中。

究竟是件什么样的奇异事情呢？说的是曹震亭担任汉江县知县时，有一天晚上，他正安然地坐在县衙内，突然见到一个无头的人手提着一个人头走来，而且啾啾有声地说着话语，但说的是什么，却又不甚了了。于是曹震亭大为惊骇，遂即病倒了，仅仅病了三日，竟然就这样死去了。这真是晴天霹雳，搞得家里人茫然失措，悲痛万分，但没有办法，遂打算将他入殓办后事罢了。但这时，摸摸他的胸口前，竟还存有微微的体温，于是停止。不料过了一夜，他竟苏醒过来。家里人自然又是惊喜万分。

夫人和子女都围坐在他跟前，夫人问道："你这一会死，一会活的，把家里人搞得心惊肉跳，究竟是怎么回事啊？"醒来之后的曹震亭，见到大家，即叹了口气，说："唉！真是奇哉怪哉！我被一个差役引到阴曹地府里，见着一个头戴峨冠的神面南而坐，他穿的是本朝的服色。这时，有人在辕门外传呼道：'请汉江县知县曹学诗进堂！'我便向上行了阴间属吏之礼，叩了三个揖。那神言道：'给曹知县看坐。'我刚坐下，那神随即问我：'有人控诉曹公，曹公知道吗？'我回答道：'不知。'那神从几案上取来牒词递给我阅看。我接过翻阅一看，此乃是本县的案卷。我立即站起来禀告：'此案本来属于有冤情的，且为前任知县所判定，已经报到刑部。我曾经三次向上申请，请再作详细审问，怎奈都被部院所驳回。驳牌现今还在，请大神详察。'那神道：'如此看来，曹公无罪。'当即传呼：'带冤鬼进殿！'顿时之下，阴风飒飒，不见面目手足，但见血块一团，在神殿上叫跳呼号。那神即将我为他申救的事告诉他，并说：'你的冤情终当得以昭雪，但须另找仇人，不要找错好人。'那鬼听了却伏地不肯离去。那神却向我作出拱手相送之状，并挥手叫差役道：'速送曹公回去！'我即猛然惊醒了过来。你们看，我浑身汗漉漉的，连衣衫都湿透了。"家里人至此才知曹震亭死而复生的缘故，一个个既惊吓又庆幸。

从此，曹震亭辞去官职，回到歙县雄村家中，长期吃斋奉佛，了此终生。

第六辑

徽闻搜轶

在徽州各地口头流传的笑话、轶闻、掌故，也是徽文化的一部分，搜集它们，用文字表达出来，以飨今天的读者，也是一件有意义的事情。

"龙眼"与"斗"

从前，徽州有一个专爱占便宜、敲竹杠的人，由于他长得一脸麻子，人称"王麻子"。

这天，在一个依山傍水的凉亭里，王麻子百无聊赖地坐着，眼珠子滴溜溜地转着，又在动起敲诈人的点子。这凉亭，建在村中心的大路上，是村子里的一个集中点，人们有事没事都爱到这里坐坐，聊聊闲篇，听听新闻，说说家长里短，谈谈风物人情。

当下，正是农忙季节，午饭之前，王麻子照例坐在凉亭里，在寻找占便宜的机会。但是农忙少闲人，他坐了半天，才来了一个老头。

不过，一见这老头，王麻子那对三角眼就眯成一条缝，笑了。原来这老头，是个有名的好抬杠、不服输、性子直、办法少的人物，人称"王二杠"。这正是王麻子所要等待和寻找的对象。

王二杠还没有走进凉亭，王麻子就笑眯眯地招呼着："王老叔，来，这里坐。"

王二杠是个吃软不吃硬的人，见王麻子这么热情，就高兴地在凉亭靠水边的连着柱子的长条凳上坐下了。为了给坐着的人提供安全感，在凳子的上方还安置有可倚可靠的栏杆，人们给它起了一个雅名，叫做"美人靠"。

"王老叔，你在俺们村子里，可算是见多识广的人物了。"王二杠刚坐下，王麻子就逢迎地说着。

这样的甜言蜜语正是王二杠喜欢听的，便自然高兴地应着："那是当然，俺过的桥都要比别人走的路要多。"

"不过，有一桩奇迹，俺看你恐怕没有见过。"王麻子挑逗地说着，说话时，那眼睛、嘴巴，加上数不清的麻点子，积极性全都给调动起来，显示出一副"万事通"的神态。

此时，王二杠已拿出旱烟筒，并且装上一撮烟丝，正忙着用火刀石打火，嚓嚓的火花闪了起来，很快就点燃了一根火纸煤。他点着旱烟，猛吸了一口，又猛地一吹，把烟筒里还在燃烧着的烟沫子吹掉，然后慢悠悠地回道："俺老王什么没有见过？你王麻子别在我面前胡吹！"

"胡吹？俺说出来给你听听。"王麻子更来劲了，撸了撸衫袖筒子说。

"你说来让俺听听。"王二杠又抽了一口烟。

这时，亭子里已经断断续续来了几个人，见有好戏看了，都一个个眼瞪瞪地看着他们。

王麻子站了起来，大声说道："笼眼比拳头大，你见过没有？"

"你胡扯！哪有龙眼比拳头大的？那年俺在福建、广东跑了几个月，龙眼都吃厌了，还不清楚龙眼有多大？哼！"王二杠又猛地吹着了火纸，嘶嘶嘶地吸着旱烟。

"王二杠，你不信？"看着王二杠上了圈套，王麻子得意极了，口中的"王老叔"也变成了"王二杠"。

"俺就不信你这王麻子胡吹！"王二杠把烟袋往烟筒杆上转了转，收起来，插在腰带上，很自信地说。

"那俺们就打个赌，如何？"王麻子进一步逼了上来。

"赌就赌！赌什么？"王二杠也从凳子上站了起来，大嗓门地叫着。

"赌三十斗米。谁输了谁拿出来。"王麻子开出了赌注。

"好，一言为定！你把比拳头大的'龙眼'拿出来给俺看！"不服输的王二杠口气坚决地说。

"君子一言，驷马难追。你可别后悔！"

"后悔？那从来不是俺王二杠的脾气。何况，俺还不一定输。"

"好，俺佩服！来，让俺去把比拳头大的笼眼拿来给你看。"王二麻子嬉笑着离开凉亭，向自己家里走去。

他的家就在凉亭边上，所以很快就从家里拿来一个装仔猪用的竹编的猪笼子走来，到了凉亭里，他把猪笼子掸了掸灰尘，然后将自己的拳头向猪笼眼里，伸进伸出地说："王老叔，你看，这笼眼不是比拳头大吗？嘿嘿！"

王二杠这下子着急了，分辩说："哪是这个'笼眼'？俺是说吃的那个'龙眼'，又叫桂圆！"

此时，王麻子得意地翻了翻眼皮说："俺跟你赌的是这个装猪的笼眼，谁给你说是赌吃的龙眼？"

王二杠更着急了，叫着："你这不是讹诈人吗?！"

王麻子也变脸了，说："谁讹诈你啦？是你自愿要赌的，不是俺强迫你赌的。别赖皮！三十斗米，拿来！"

"赖皮？那不是俺王二杠的脾气。好，这次算是俺见鬼了。"说着，王二杠气冲冲地回家去。

王麻子却朝着王二杠的背影，做了个鬼脸，然后狞笑着走回了屋子。

凉亭里看热闹的几个人也都笑了起来。

王二杠回到家中，已是午饭时分。老伴和儿媳已把饭菜端上了桌子。可是他一不动筷，二不端碗，坐在木头椅子上，一个劲地抽烟、叹气，叹气、抽烟，烟丝抽得嘶嘶作响、紫雾缭绕，气叹得一声连一声、声声无力。

老伴说："哎！老头子，快吃饭呀！那烟不能等吃过了饭再抽吗？"说着，一把夺过了烟筒和烟袋。

可是，王二杠仍是望着饭菜发呆、叹气。

儿媳妇说："爹，什么事把你愁成这样？再大的事也没有吃饭的事大呀！吃饭吧，身子骨要紧哪！"说着，从桌上端起了碗，拿起了筷子，塞到王二杠手里。

王二杠接过碗筷，仍是不声不吭，耷拉着头。

儿媳妇又劝道："爹，你有什么愁事，就对妈和儿媳说说，大家一起商量商量，也可想出法子来。你老人家一个人闷在肚里，不吃不喝，身子是要搞坏的。"

老伴接过儿媳的话茬，说："儿媳说得对，你就讲讲呗。"

王二杠这才开口，把同王麻子打赌的事一五一十地说了一遍，末了说："这三十斗米就是三石，可不是一丁半点儿，到哪里去拿哟！唉！"说着，又发愁地低下了头。

老伴也皱起了眉头，骂道："这个死王麻子，这不是存心活坑人嘛！"

儿媳妇眉头一皱，黑眼珠子滴溜溜一转，柳叶似的双眉舒展开了，轻松地说："爹，妈，你们不要急，放宽心吃饭，儿媳有办法对付他。"

"你一个年轻媳妇，有啥法子？"

"你吃饭吧，不要问了。"儿媳妇温和地说。

老伴望着儿媳妇那轻松舒齐的神态，也将信将疑，不过，她还是劝着王二杠："她叫你放宽心，这自然有法子啰。"

到此，王二杠才提筷端碗，吃起饭菜来。

再说，王麻子打赌赢了王二杠，高兴地切了点陈火腿，喝起二两酒来了。他心想：不费吹灰之力，单凭三寸不烂之舌，一腔巧妙心思，三十斗白花花的大米就要到家了。十斗一石，整整三石，那可是一亩田的产量哩！哈哈。他越想越高兴，竟张开嘴，露出两个乌溜溜的大门牙，唱起绍兴调来了。

正当王麻子喝得满脸通红，每个麻点子都闪闪发光，眼眯心醉，异常得意的时候，王二杠的儿媳妇脚步蹬蹬地走进了他家。

但见这女人，瓜子脸，眉清目秀；长条个，身膀壮健；平日里不声不响，做起事来却是把好手；心灵如何呢？人们可不知晓。王麻子眯着双眼，望着这漂亮的小媳妇，涎笑着说："啊，是王——王老叔——叔家媳，媳妇来——来了，请——请坐。"

他话还没有说完，王二杠的儿媳妇就快快当当地说起来了："俺家公公不是输给你三十斗米吗？"

"对——不错，是有这么回事。"王麻子得意地说。

"俺来告诉你，俺们全家答应照数给你。"王家儿媳快溜溜地说。

"那好，那好。"王麻子连连点头。

"不过，先要请你拿出三斗米来，烧起三大锅饭，在祠堂里，请全村各户之长吃上一餐，把这事当众说明，俺当众把三十斗米付给你。这，你不会不答应吧？"王麻子也把眼珠子转了一圈，思忖着：拿出三斗米，可拿进三十斗米，两下一抵，还净赚二十七斗米，嗯，合算，合算。当众付清，更没有闲话说。于是他满口答应道："可以，可以，当众付清更好，免得以后闲言碎语。"

次日中午，王麻子拿出三斗米，焖了三大锅饭，在祠堂里摆下了几张八仙桌，请来了全村各户之长。

王麻子见各户之长都到齐了，便摇而摆之地踱到正堂前，干咳了两声，拉开嗓门说了起来："诸位父老乡邻，昨日在凉亭里，王二杠王老叔与鄙人打赌，输给鄙人大米三十斗，今日当众交付给俺。于是，俺特意煮米三斗，请诸位略打牙祭，并为俺们二人相赌一事作证。现在请各位入席。"

大家听了，便交头接耳，议论纷纷，随即都狼吞虎咽起来。一时间，三斗米焖的三大锅香喷喷的干饭全都进入了众人的"饭囊国"里去了。

正在这时，王二杠的儿媳妇捧着一个畚箕，麻利地走了进来，那两根梳得油亮的辫子在身后一走一甩，显得更加英姿飒爽、容颜俏丽了。满堂的人都瞪大了眼睛，像要看一场漂亮的演出。

只见她走到正堂前，把装着白米的畚箕往桌上一放，右手撩了一下鬓发，当着众人大大方方地说了起来："各位父老乡邻，昨日王麻子与俺家公公打赌，俺公公输了，俺们一家也认输。现在请大家作证，俺当着大家的面，代俺公公把三十斗米付给他。"说着，从怀里掏出一个没有用过的烟斗，拖过王麻子早已备好的竹篓，一斗一斗地量起米来，嘴里还顺溜溜、脆生生地叫着："一斗、二斗、三斗……"

这下子，王麻子慌了，连忙止住她的手，说："哎、哎、哎，怎么是这个'斗'？是那个'斗'！"他指着早已准备好的米斗。

王二杠的儿媳妇却悠悠地说："俺公公答应的是这个'斗'，谁跟你说是那个'斗'？"说完，她将量好的三十"斗"米倒到竹篓里，还没有盖住一个底。

王麻子哑口无言，垂头丧气了。

父老乡邻们却会心地笑了。

王二杠这时才高兴得把愁云抛到九霄云外去了。

"三十六牙"的故事

从前，徽州有个小孩长有三十六颗牙齿，这可了不得，因为据说只有做皇帝的才会有三十六颗牙齿，可见这小孩也是要做皇帝的。但后来终于没有做成。不仅没有做成皇帝，而且还成了一个浑身软瘫瘫、疯疯癫癫的流浪汉。

这是怎么回事呢？原来是灶司爷作的怪。

话说这小孩的母亲，只是个普通的农妇，并不知道儿子长有三十六颗牙齿，将来会成为主宰天下的皇帝。她每天刷锅洗碗洗筷子时，为了把筷子理整齐，都要顺手将筷子在锅台上捣一下。这下可就得罪了灶司爷，认为是对他的大不恭敬，于是在腊月二十四日这一天，到了天庭之上，向玉皇大帝告状了，说这"三十六牙"的母亲很凶，每天都要用筷子捣他，捣得他心惊肉跳，不得安宁。又说，这样的人，将来不能做皇帝，他的母亲那样凶，他的秉性也肯定很凶，做了皇帝，对老百姓定然也很凶残。

这玉皇大帝只听一面之词，也不作调查研究，便准了灶司爷的状，问灶司爷："依你之见，该怎么处置呢？"

灶司爷毕恭毕敬地回答："陛下，依微臣之言，只须派天兵天将下凡，将他那副牙齿和那身骨头换去就行了。"

于是，在一个伸手不见五指的寂静的夜晚，玉皇大帝派天兵天将到了尘世间的徽州，来抽那长有三十六牙的小孩的牙齿和骨头了。

那天晚上，这小孩和他的母亲正熟睡在床上。突然间，小孩从睡梦中感到牙齿和浑身的骨头都剧烈地痛了起来。他不由地大叫着："哎哟，痛死我啦！哎哟，痛死我啦！"

母亲给惊醒了，她见孩子痛得这么厉害，也着急得没有办法，只好嘱咐道："孩子啊，你把牙齿咬紧啊！把脚骨子顶紧啊！痛就好些啦！"

孩子听了母亲的话，就紧紧地咬住牙齿，紧紧地把脚骨顶在床架上。过了半个时辰，孩子感觉不痛了，却弄得满头大汗，把张床铺也弄得水淋淋的。他瘫在那儿，一点劲也没有了。

母亲起床，点亮了油灯，把孩子扶起来，用灯火照了照，并没有看到有什么变化，便放心地睡去了。他哪里知道，孩子的一身龙骨被抽走了，幸亏牙齿咬紧，三十六颗牙齿还在，也幸亏脚骨顶紧，算是双脚还能走路，但皇帝是做不成了。

随着岁月的流逝，他的母亲去世了，他也长大了，但个子不高，像得了软骨病一样，总是挺不直腰杆子，两只手臂也像断了似的，没有一点力气，只有两只脚的骨头还很硬朗、坚实。手无力，便没法子干活劳动。于是，他只有迈着一双脚四处流浪乞讨过日子了。

但他的三十六颗牙齿还在，说话也就像下圣旨一样，说一句算一句的。

据说有一天，他走到油坊里，那里正在榨一种叫"六月黄"的黄豆油，那油正像泉水一样喷涌出来。他就信口说道："大有油，小有油，不大不小喷着流。"

一个正在榨油的师傅认不得他是"三十六牙"，见他一副疯疯癫癫、邋邋遢遢的样子，还在顺口说着什么，便呵斥道："走开！疯疯癫癫的！"

这下可惹恼了"三十六牙"，立即又一边走，一边顺口说着："大有油，小有油，不大不小慢慢流。"他的话刚说完，那油榨嘴上的油流量顿时小了起来。从那以后，果然"大有油"，桐子出油率高；"小有油"，芝麻、油菜籽出油率也高；而"不大不小"的黄豆，榨油便"慢慢流"了，出油率只有百分之十几。

蚂蚁是到处都有的小动物，但油坊里却很少，甚至没有。据说，这也是"三十六牙"的功劳。那天，他在油坊里走着，见蚂蚁密密麻麻的像游龙似的爬着，微小的身上扛着豆粉和枯饼渣子。于是他开口了："你这小东西，俺都没得吃，你还在这里窜来窜去，还不赶快走开！"说也奇怪，他的话音刚落，油坊里的蚂蚁便一个也不见踪迹了。从那以后，油坊里再也见不到蚂蚁了。

有一天，"三十六牙"走到徽城镇后的问政山脚，见眼前的山岭道路，弯弯曲曲，盘上山顶，而村庄就在那山顶上，炊烟袅袅，鸡鸣犬吠，于是他又信口说道："问政山，问政山，七条岭，八条弯，代代儿孙做高官。"

不巧，有一个问政山人挑着担子从山上下来，听到"三十六牙"在说问政山，但又没有听清楚，便大声问道："喂，你在说什么？"

"三十六牙"见问的人太粗俗，便立即改口道："问政山，问政山，代代儿孙驮扁担。"从那以后，问政山人便没有再出做大官的了，反而却是扛扁担的多了。

关于"三十六牙"的传说还有很多，我所听到的只有这一点，便写下这一点。传说，只能是传说，不可作为史实来看待。但作为口头流传的民间文学，还是有一定价值的，民众是它的创作者。

宝杯的故事

从前，在歙县南乡有兄弟俩。哥哥为人贪心、吝啬，讨了个老婆，更是心狠手辣；弟弟为人忠厚、老实，讨了个老婆，也贤惠善良。

弟媳妇一进门，哥哥、嫂嫂就闹着要分家。弟弟和弟媳妇看到今后在一起日子也难过，就答应了。

哥哥仗着是一家之主，加上老婆的怂恿，把好房、好地全占了，分给弟弟一间草房和一块瘦瘠的山地。弟弟、弟媳妇没有争执，就要了下来。但没有分给他们种子，弟弟就说："哥哥，种子该分点给俺们呀，没有种子，怎么种粮食呢？"

哥哥听了，就进屋拿了一畚箕粟种来给弟弟。嫂嫂看见了，却马上接过来笑着说："他叔叔，这粟种不好，俺给你换一下，等会再拿吧。"

弟弟点头答应了，就和妻子把东西搬进了草房里。

哪知狠毒的嫂嫂却把那畚箕粟种，倒到饭锅里，烧起火炒了起来，一边炒，还一边恶狠狠地说："叫你们去种！叫你们去种！"等炒熟了，她把粟种铲到畚箕里给弟弟。可是，她忙中有乱，还有两粒粟种掉在锅台上，没被炒熟，也一起扫进了畚箕。

弟弟拿了嫂嫂给的粟种，就和妻子一起到那瘦瘠的山地上种了下去。可是，过了很久，只出了两根苗。

对这两根苗，小夫妻俩像待自己的孩子一样精心培育；弟弟在地主家打长工，一有空就去地里松土、锄草；弟媳妇在地主家做佣人，一有空也去地里锄草、松土；一有点粪水，两口子就抬着去浇。这样，那块瘦瘠的地很快被侍弄得又松又软又肥沃，那两根粟苗也被侍弄得又肥又壮乌油油。

时间一天天过去了，两根粟苗也一天天长大。到了秋天，那两根粟子大得出奇，杆子像株毛竹，叶子像柄芭蕉，穗头像根又粗又长的马尾巴，那粟谷子像一颗颗玻璃球，小两口心里非常高兴，想道：一年来的汗水真没有白流啊！

这一天，弟弟和他的妻子向邻居借了把锯子，去收那两根粟子了。夫妻俩锯呀，锯呀，锯了好半天，才把两根粟子放倒，用刀砍下了两颗穗头。那穗头可真重，一穗足有一百多斤。夫妻俩只好抬起一穗回家去，留一穗在山上再来抬。

等他们去抬第二穗时，只见一只老大老大的山鹰，像一片云似的涌了下来，叼着那穗粟子就飞走了。弟弟一见，马上就追。

大山鹰叼着沉重的粟穗，在天上慢慢地飞；弟弟在地上吃力地跑，但是跑来跑去，也追不着大山鹰。

大山鹰叼着粟穗子，飞进了一个深深的山坞，弟弟紧紧追赶，也追进了山坞。

天色渐渐黑了下来，大山鹰在山坞里一转就不见了。

弟弟的两腿跑得又酸又软，肚子饿得咕咕叫，头也晕了，路也看不见了。怎么办呢？这时，他看见路边上有个矮小的山神庙，心想，钻进去睡一晚再说。于是，他钻进了山神庙。

弟弟迷迷糊糊地睡着，也不知睡了多长时间，只听得外面有谈话的声音，他睁开了眼睛，从圆圆的小窗户里探出头来。只见月亮出来了，月光像银色的水流泻满了山坞，小庙边的青石板上，坐着两个胡子又白又长的老人，他们正在谈心。

一个说："老弟，今晚俺们吃点什么呢？"

另一个说："老兄，随便来点什么吧。"

一个说："好！"就从身上摸出了一只奇异的酒杯，它在月光下闪闪发光。只听那老头喃喃念道："金酒杯，银酒杯，来点佳肴和美味。"刚念完，那青石板上就摆满了丰盛的酒肉饭菜，都是弟弟从来没见过、更没吃过的东西。

两个老人吃得津津有味，没吃晚饭的弟弟见了真是馋得要命。他想讨点来吃，但又不敢开口，于是把身子拼命往外伸，往外伸。不知怎的，那小庙竟然架不住了，"哗啦"一声倒了下来，把两个老人吓得拔腿就逃，连那只酒杯也忘记拿了。

幸好，弟弟没有伤着。他看见那只闪闪发光的酒杯，仍在石板上，连忙捡起来放进怀里，借着月光跑回去了。

到了草房跟前，只见一点黄豆大的灯光还亮着，贤惠的妻子正坐在窗前，面对皎洁的月光，静静地等待他。

"俺来了！"弟弟三步并作两步，轻快地奔进了草房。

"啊！你怎么到现在才回来？俺们的粟子呢？追到了没有？"妻子非常高兴，连连问道。

"没有追着。不过，我带来了一样好东西。"弟弟兴奋地说着，从怀里拿出了酒杯。

"这有什么用呀？"妻子疑惑地问。

"你看就是了。"说着，弟弟把酒杯放在桌子上，念了起来："金酒杯，银酒杯，来点佳肴和美味。"说也奇怪，刚念完，桌子上就摆满了酒肉饭菜。

从此，弟弟和妻子不再发愁没吃的了。他们辞去了地主家的工作，在家美满地生活着，还生育了一个胖儿子。不过，那块山地，他们还是勤劳地耕种着，倒不是因为没有吃的，而是觉得庄稼人一点活不干闲得慌。收得的粮食除留点作种子外，其余都送给周围穷苦的邻居。

却说哥哥、嫂嫂见弟弟和弟媳妇只凭一点薄地，生活竟过得很好，都觉得奇怪。狠毒的嫂嫂对贪心的哥哥说："哎，你到弟弟家看看去。"

哥哥听了老婆的指使，到了弟弟家，正巧弟弟两口子在吃午饭。那桌面上的酒菜饭食摆得满满的，有的还是他从来没见过的东西。他禁不住大口大口的口水直往肚里吞。

弟弟和弟媳见哥哥来了，连忙让坐，并请他一起吃饭。贪心的哥哥接过筷子，端起酒杯就狼吞虎咽起来。酒足饭饱之后，哥哥问起了根由。弟弟是忠厚、老实的人，也就原原本本地告诉他了。

哥哥听了以后，立即回家去，同老婆一商量，决心也模仿弟弟，得一只宝杯来。

第二年春天，狠毒的嫂嫂也畚了一畚箕粟子放锅里炒炒，并故意留两粒在锅台上，然后拣了一块最瘦的地种了下去。过了不多久，果然也只出了两根苗。可他们懒惰成性，很少锄草、施肥，两根粟苗长得又黄又瘦，抽的穗子也又小又瘪。

到了秋天，粟子熟了，贪心的哥哥和狠毒的嫂嫂也拿了锯子和砍刀去收割粟子，那粟子又瘦又小，早被风吹倒在地，根本用不上锯子和砍刀，只用指甲轻轻一掐，就把穗子掐了下来。

哥哥叫老婆把一个穗子拿回家去，自己就蹲在地里，等山鹰飞来。他等啊等，等到快近黄昏时，果然见一只云片一样的山鹰飞来。但那山鹰只在空中盘旋，并不飞下来。

贪心的哥哥等急了，心想：山鹰为什么不飞下来，怕是见有人在此，不敢飞下来吧。想着，他躲进了草丛里。

果然，山鹰见人一走，便一个俯冲到了地里，叼起穗子，掉头就向山坞里飞去。

　　哥哥很高兴，拔腿就追。但他是个不出门劳动的人，追不了几步，双腿就发软了。然而，为了得到一只宝杯，他还是强打起精神，一步一步地向山坞追去。也许是那粟穗子太轻太小，山鹰一会儿就飞得不见踪影了。

　　贪心的哥哥只好沿着山间小路，跟跟跄跄地走去。天黑了，他到了小庙跟前。可小庙已经倒塌了，哪里是宿息之处呢？他抬头四望，只见庙边的一棵老树上有一个大乌鸦窝。没法子，只好爬到那里宿一晚。费尽了九牛二虎之力，贪心的哥哥钻进了乌鸦窝。

　　过了好一会儿，只见月光下果然来了两个长白胡子的老人，在青石板前坐下。

　　一个说："老弟，去年这个时候，俺与你来到此地，正待要开怀畅饮，不料庙中出现一个怪物，惊吓得俺二人仓皇逃走，害俺丢了一只宝杯。如今，只剩下你这一只了，可要小心在意啊！"

　　另一个说："对，俺们可要小心了。"

　　两个老人向四周看着、闻着，突然一个说："老弟，你闻，有生人的气息。"

　　另一个说："不错！俺们找找看，找到他，严加惩罚！"

　　这时，贪心的哥哥躲在乌鸦窝里，听了这些话，吓得不住地发抖。由于树已老，枝已枯，乌鸦窝本来就摇摇欲坠了。如今，他这么一抖，就更吃不住了，一下子连人带窝摔倒在地上。

　　那个丢失宝杯的老人一见掉下个人来，连忙走去，一把将他抓起来，大声说道："好家伙，今年又想来盗杯子！"说罢，又长又尖的两个手指，把贪心的哥哥的鼻子往下一拉，拉了两尺多长。

　　两个老人不见踪影了。

　　贪心的哥哥枉费心机，宝杯没有弄到，却拖着一个奇怪的长鼻子回到家，从此连话也讲不清楚了。

聪明的马四

从前，新安江边有个地主，名叫杜礼怀，意思是把儒家的仁义礼教都揣在怀里，以显示自己是仁爱信义、有礼有教的人。可是方圆数十里的穷人却称他为"肚里坏"，意思是说他满口挂着仁义道德、诗书礼教，但对长工、佃户却是搜肠绞脑，千方百计要进行剥削，面上笑嘻嘻，肚子里坏出来。因此，长工都不愿意到他家来打工。

这一年春天，东风送暖，万物复苏，来得特别早。眼看别的地方都已开犁春耕了，可是杜礼怀家却没有一个长工愿意来做事。这可把他急得像热锅上的蚂蚁，昼夜坐立不安：放着这么多的田地，可没有人来耕种，岂不是要荒了吗？那一担一担的粮食从哪儿来呢？况且季节不等人哪！于是，杜礼怀只好四处张榜雇请。

正当杜礼怀急得火烧屁股的时候，一群长工来到他家门前，为首的是一个二十来岁的壮小伙子。别看他那脸面长得眉清目秀，一股书生子气，可再看他那胳膊、腿都结结实实的。他姓马，单名一个四字。跟他来的那几个长工也都年轻力壮，一看就是好劳力。

"肚里坏，你不是要雇请长工吗？俺们来了。"马四开门见山地说。

杜礼怀见来了这么几个粗壮强健的长工，心里已经乐开了花，先前的愁云顿时散去。他心里想：今年的农活可不用愁了。他细眯着双眼，似乎已经看见一担担金灿灿的稻谷挑进了他的家。他连忙笑着说："大家来了，好！列位在鄙人焦急万分之际，欣然应榜前来，这对鄙人来说，真好比久旱逢甘霖，太及时了，太及时了！来，来，列位请坐，列位请坐！"

"哎，肚里坏，你不要咬文嚼字文绉绉的了，俺们庄稼人也听不懂。还是小巷子里抬木头——直来直去地说吧。"马四并没有入坐，站在最前面，爽快地说着。

"好、好、好！直来直去。"杜礼怀谦笑着说。

"俺们今年到你门上来帮工，可是有几个条件的。你依从了，俺们就干；不依从，俺们就走。"马四依然爽快地说。

"列位，条件好说，条件好说。来，坐下谈，坐下谈。鄙人素来讲仁爱信义，还能不好商谈吗？"杜礼怀仍是笑嘻嘻地让着。

马四和长工们也就不再客气，在客堂的椅子、凳子上坐了下来。

马四坐在上横头的红木太师椅上，两腿摆开，胸膛挺直，朗朗地说："俺们要谈的条件不多，只有三条。"

听说只有三条，杜礼怀心中可高兴了，立即紧接着问："这其一是？"

马四干脆地说："第一条，这吃的，每人苞芦馃一顿要吃一筷。"

"吃一块？"杜礼怀听了，眼珠子一转，每人只吃一块，这几个人加起来，一顿也不过两三个馃罢了，这实在是太便宜了。思此，他连忙点头："遵命，遵命。这其二呢？"

"第二条，这菜嘛，鱼、肉、酒是俺们的对头；豆腐、素菜是俺们的朋友。"马四不紧不慢地说。

"对头？朋友？"杜礼怀听了有些摸不着头脑，遂用手抓着后脑勺，想着：鱼、肉、酒是对头，表明他们不爱吃；豆腐、素菜是朋友，表明他们爱吃，这不也是很便宜的事吗？想到此，他眉开眼笑了，立即点头道："遵命，遵命。那么其三呢？"

马四继续不紧不慢地说："这第三条嘛，也很简单，干活时，云里雾里俺们不去，四角帽子俺们不戴。"

"云里雾里？四角帽子？"这又让杜礼怀搞得莫名其妙，遂皱起眉头仔细地琢磨着：俺这里哪有什么"云里雾里"？俺又不叫他们上天；又到哪里去搞"四角帽子"？干活只需戴草帽就行了。嗯，也好办。想到此，他开心地点头道："一概遵命，一概遵命！"

条件谈妥了，马四和他的伙伴们就在杜礼怀家打起长工来。

早晨开饭了，这新安江边的歙县南乡，因为山上种的苞芦多，所以早餐吃的都是苞芦馃。只见马四和伙伴们每人拿着一根筷子，走到锅灶前，把做好的苞芦馃，一个个从中心往筷子上穿，每人都穿了十几个，不仅一下子把一锅的苞芦馃都拿光了，而且最后的一个人，只拿了一两个，并叫着，不够不够！

这下子，杜礼怀发急了，对着众长工们大声叫喊："哎！哎！你们不是苞芦馃每人只吃一块吗，怎么拿那么多？"

马四微微笑着，说："是一筷呀，你看这么穿起来一筷，还没有穿满呢！"

一句话把杜礼怀说得哑口无言，只好自认倒霉。所以每天他要耗费不少粮食，吃得他心里好疼。

中午开饭了，这新安江边歙县南乡的山里人很重视中午这一顿，烧的是白米干饭，做的是几个碗的好菜。杜礼怀认为马四他们是只吃素不吃荤的，便叫厨子把两碗臭豆腐和没有多少油水的素菜给他们送去，把鱼、肉、酒等留下来，自己一家人慢慢吃喝。

谁知马四却带着他的伙伴们，脚步蹬蹬地走进了杜礼怀一家跟前，二话不说，把鱼、肉往自己碗里夹，并且一个个端起酒杯就喝了起来。

这下子，杜礼怀又发急了，连声叫喊："哎！哎！你们不是不吃鱼、肉不喝酒吗，不是只爱吃豆腐、素菜吗？"

马四严正地说："谁跟你那么说的，俺是说鱼、肉、酒是对头，豆腐、素菜是朋友。这对头嘛，俺们一见就眼恨，所以恨不得一口把它们都吃下去；这朋友，俺们亲都亲不过来，怎么能够去吃它们呢？"说完，轻蔑地一笑。伙伴们也都附和地赞同着说。

几句话，把杜礼怀说得胡子直翘，但也无可奈何，只有干瞪眼。因为这是自己答应的条件。

秧苗栽插下去了，也齐刷刷地长起来了，需要耘田除草了。马四带着伙伴们扛着耘田的耙子向稻田里走去，走到田埂上，就一个个坐下不动了。

杜礼怀一见，可气坏了，大声嚷道："你们怎么不赶快干活？还坐在那里闲呆着！"

马四不慌不忙地说："没有人撒石灰，俺们怎么耘哪？"

杜礼怀嚷道："你们不能撒吗？"

马四又不紧不慢地说："俺不是说过'云里雾里不去'吗？这石灰一撒，雾雾蒙蒙的，岂不是叫俺们到'云里雾里去'了吗？"

杜礼怀给说得哭笑不得，没有办法，只好另雇短工来撒石灰，这就又增加了一笔开支。

稻子成熟了，即将开镰收割。这一天，马四和伙伴们手拿着镰刀，抬着竹篓下田去了。大家快快当当地把稻子割完，摆在田里，又都坐下不动了。

杜礼怀见了，很奇怪，向他们嚷道："你们把稻子割下来了，怎么不打下来？"

还是马四回答："没有人把稻桶扛来，你叫俺们怎么打稻？"

杜礼怀说："你们自己不能扛吗？"

马四说："俺给你提条件时，不是说过'四角帽子不戴'吗？这稻桶方方的正好四个角，叫俺们扛在头上，不就是叫俺们戴'四角帽子'了吗？这违反当初答应的条件，怎么行呢？"

一番话，又说得杜礼怀无可奈何，只好另雇人来扛稻桶。

就这样，马四他们为杜礼怀干了一年活，拿着应得的工钱，各自回家了。杜礼怀却在马四提的条件下吃了大亏，"肚里"再也"坏"不起来了。

新安江两岸的穷人听了这消息，都赞扬马四干得好，为他们惩罚了可恶的地主"肚里坏"。

方腊神刀的传说

去歙县方村为《徽州大姓》一书拍摄方氏宗祠照片，一老农热心地对我们谈起了宋代农民起义领袖方腊的传说。

他说，方腊起义爆发在浙江淳安，但他是歙县方村人。尽管封建时代不准"草寇"入谱，方氏宗谱上找不到方腊的名字，但口碑一直相传他是七贤方村人。据传，方腊自幼失去父母，头上又生癞痢，人们给他起了绰号"方癞痢"，或简称"方癞"。歙县南乡方言，"癞"与"腊"同音，便演绎成"方腊"。

为了生计，方腊学了箍桶匠的手艺，虽不是什么名师高手，却也可以糊口。

有一天，他到一个村子里去箍桶。那人家的院子里长有一棵大树，树上有一个大鸟窝，这鸟窝里住着一只怪鸟，长得既不像喜鹊，也不像乌鸦，只对着方腊叫着："方——癞——痢"，叫了一声又一声。方腊给惹得恼火死了，对着那怪鸟大叫："你这臭鸟也来欺侮俺，敢叫俺外号，俺打死你！"说着，即把手中用以策桶箍的"桶策"朝树上鸟窝甩去。倒也巧得很，那桶策竟不偏不倚地被甩进了鸟窝，那怪鸟惊得飞起逃窜，一边逃还一边叫："方——癞——痢！"

怪鸟飞走了，方腊手中没有了桶策这个工具，就没法干活，他只得爬上树，到鸟窝里去取回桶策。好在那棵树还不太难爬，方腊费了许多力气爬了上去。他用手一摸，率先摸出来的却是一把刀，一把比剃头刀大不了多少的乌黑的刀，既无闪闪的光彩，也不是那么锋利，只是形状上像一把很古代的刀。他又伸手在鸟窝里摸，才摸出自己的工具——桶策。

方腊并不把那鸟窝里摸出的刀放在心上，因为它并不神奇，甚至很不起眼，便顺手放进工具篮里，继续干活，打箍箍桶。

他正用桶策策紧着桶箍，忽然觉得脚背上被什么啄了一下又一下，且很痛。他低头一看，原来是一只大公鸡在啄他的脚。他把脚提起一甩，那公鸡便走开了。哪知当他放下脚继续箍桶时，那公鸡又来啄他的脚。大公鸡为什么三番五次与方腊的脚过不去呢？原来方腊不仅头上生癞痢，而且脚上发脚气脚癣，红丝丝中夹着白粉粉，引起了大公鸡的兴趣。

方腊又恼火死了，骂道："你这臭公鸡，也来欺侮俺，看俺不拿刀剁死你！"说着，他从工具篮里拿出刚才从鸟窝里摸来的刀，只顺手对那公鸡比划了一下，说时迟，那时快，那大公鸡的头竟立即落地了，连血也来不及冒出来。

方腊感到奇怪：俺并没有将刀碰着鸡头，鸡头竟突然落地了。这是什么怪刀？

方腊正奇怪着，一个白发老太婆从屋里出来了。她一见大公鸡的鸡身、鸡头两分离，落在地上，立即哭叫起来："你这个癞痢箍桶匠，怎么这样狠心啊！竟一刀把俺的报晓鸡给杀死啦！你要赔俺的鸡呀！"

方腊分辩道："老人家，你别冤枉俺啊！俺的刀并没有碰着鸡，那鸡头就落地了！"

老太婆不相信地说："哪有这种怪事？你的刀没有碰着鸡，鸡头会自己落地？你再做个样子给俺看看。"

方腊拿出那刀，对着老太婆说："俺就是这么撇了一下……"他哪里知道，他刚把那刀撇了一下，就又闯大祸了，那老太婆竟也人头落地了。

出了人命，方腊自然心慌了，慌乱之中，他还是不解手中这把不起眼的小黑刀竟有如此之怪之神！他急忙收拾东西要跑。然而官司还是降临到他的头上。

方腊被衙役们带到了县堂。

知县问："你叫方腊？是一位箍桶匠？你怎么无缘无故地杀死白发老人？"

方腊辩道："知县老爷，这是冤枉的，俺并没有杀她，俺只是比划个样子给她看，表明她的大公鸡不是俺杀死的。俺只把手中的小黑刀比划着朝她轻轻地撇了一下，又没有碰着她的身子，谁知她人头就落地了。"

知县喝道："大胆狂徒，哪有如此怪事，纯属一派胡言！"

方腊辩道："知县大老爷，小民说得句句实话，没有半句不实之词。"

知县见他如此分辩，便问道："什么小黑刀？你拿出来比划给本县看看。"

方腊就从工具篮里拿出那把神奇的小黑刀，在身边比划着说："就这么撇了一下……"

说时迟，那时快，距他最近的两个衙役就人头落地了。

知县和堂上的衙役们都非常惊骇。的确，他们没有看到方腊把刀砍向身边的衙役，只是比划了撇砍的样子，就造成了两条人命的完结。他们都极为害怕起来，担心方腊又一撇，把他们的性命全完结了。

至此，方腊才知手中这把不起眼的小黑刀是把神刀，看来上天是要赐俺做一番事业了。想到此，他急匆匆地背起工具篮离开了县衙。

知县眼睁睁地望着方腊离去的身影，一动也不动，哪敢派人去追。

　　方腊便逃到淳安清溪帮源洞，联络了许多同仇敌忾的弟兄们，要打江山做皇帝了。

侠士汪十四

明末时候，歙县出了个有名的侠士，叫汪十四。他为人慷慨、豪爽，善于骑马射箭。当时，他游历于西川之地，徽州商人也有许多在那里行商。那里山川险恶，多有一些奸猾之徒相聚为盗。凡经商往来于这一带的，大都逃不掉被劫掠的恶果。商人们闻知汪十四的名声，知他是徽州歙县人，便找到他，罗拜于马前，请求他当商队的"护身符"。豪爽的汪十四当即答应，遂与数百商人结队，拥骑而行。那汪十四果然好生了得，一听山上有响箭之声，当即弯弓相向，利箭便脱弦而出，与强盗的箭锋相触，使前来袭击之箭在空中折堕。从此，那些绿林强盗都很畏惧汪十四，只要有他护卫的商队，秋毫不敢侵犯，商人们也尽得数倍的利润。然而，那些以棍棒等抢他人财物之徒被断了财路，日益贫困起来，心中虽对汪十四嫉恨，但却无可奈何。

眼看商旅已平安无事，汪十四便对自己感慨道："我已经年老了！到此时还不思虑归乡之计，徒然挟带一弓一矢之勇，跋涉于山川之间，向猿猱豺虎丛生之地去博得一个好的名声，不是大丈夫所看重的。"因此，他决计返回徽州歙县。商人们也不好劝阻。

回到家乡，汪十四便以田园生活自如，绝不问户外之事。谁知，灾难又降临到那些挟囊行商于川中的商人头上，他们的货物又被那些重新出山的强盗所剿掠，本已畅行无阻的商途又不畅通了。商人们无奈，又派人跟跟跄跄地来到歙县，罗拜于汪十四门外，叩求道："愿请壮士重到西川，使我辈商人弱者可强，贫者可富，使那些啸聚山林之徒不敢侵犯我商旅之人。壮士能答应吗？"此时，汪十四一颗雄心仍在，见众商旅重陷盗患，遂慨然应诺，大笑出门，挟着弓矢骑着马，不远千里，奔赴而去，于是在西川那丛山叠岭之间，又复有汪十四的身影和马迹。

汪十四的身影重在西川道上出现，那些绿林强盗又都惊悸起来，遂又谋求能够战胜汪十四的人或方法。他们向诸山川雷雨之神焚香跪拜祷告，愿以汪十四的人头陈列于鼎俎中作为答谢。他们终于想出一计，派几个剽悍之徒，化装成客商，混在商队中同行。当商队走近盗巢时，便有响箭之声飒沓而来。汪十四闻声，正弯弓射箭之际，忽然身后有一人手持利刃，向汪的弓弦挥去，当即弦断箭落。匆忙之中，汪十四无计可施，那混做客商的几个强盗立即蜂拥而上，霎时间便将汪十四擒住。众客商无奈，纷纷弃货逃散。

众强盗将汪十四擒入山寨中，盗首闻讯亦迎于寨门。盗首十分高兴，群盗也频频向盗首祝贺。盗首吩咐，暂将汪十四关在空室中，绑住他的手足，不能让他逃跑。全寨先摆宴庆贺，待到下午日落前，再取下他的人头，陈鼎祭拜，酬谢山川雷雨之神保佑我等的功德。小盗答应，将汪十四关入空室，便一起同饮庆功酒去了，连看守的人也没有一个。

强盗们忘记了空室并不空，还有一美女也被关在那里。当汪十四正感叹无计可施时，从暗处走出一美人来，对着他笑道："看你样子是位豪杰，为何也被捆缚至此？"汪十四怒目一瞪，且愤且怜，答道："不用多言！你能救我就救我，恐怕你一个小女子不敢为也！"美人道："我倒有救你之意，但恐救你之后，你则如一只饥鹰一条怒龙，迅即夭夭走之天外，徒留小女子我，凄然一身，作帐下之鬼，那可如何是好？"汪十四道："不然，你救了我，我必带你出去。我在百万军中如行无人之境，何况区区强盗，何能阻挡我的脚步！"美人闻言，当即用佩刀割断捆绑汪十四的绳索。汪十四立即松了手脚，没时间拜谢美人，见屋角处有刀剑弓矢，立即悉数夹带在身，左手拉着美人，右手持着器械，破门而出。门外无人看守，走了数百步才遇一盗骑马而来。待到跟前，汪十四手起刀落，即将那盗斩于马下，随手抱着美人一同上马，急驰而去。此刻，强盗们才闻声出来，欲行追赶。汪十四手持弓箭，厉声喝道："强盗们，来呀！我射死你们！"边说边拉弓射箭，应弦而倒者便有数十人。强盗终于无可奈何，眼睁睁地看着汪十四带着美人向山下而去。

走了一段路，汪十四才在马上问起美人的姓名。美人哭泣着说："我乃是官宦家的女儿，父亲为兰台给事中，现居住在京城。今年派人携我们眷属进京，途中被劫，老母亲及诸婢女家人尽数被杀，独留小女子一人，被众盗凌逼蹂躏，不堪言状。小女子我之所以含辱不自杀，乃是想一定要见家父一面，可以无恨；同时也想，这世间或许会有大豪杰来深入虎穴，救我出虎口，故偷生至今。今日遇见义士，让我得到拜见家父之机，到时我死也无憾了。"汪十四道："我今日能够重生，皆你所赐。这里距京城虽然遥远，我当护你前去。"于是，陆行从车，水行从舟，奔走数千里，一同起居饮食非一日两日，而汪十四对美人无一点邪狎之意，一直将她送归京城父亲身边。然后从京城返回歙县终老。老死后，乡里人壮其生平奇节，立庙祭祀，称为"汪十四相公庙"。

三兄弟学手艺

"前世不修，生在徽州，十三四岁，往外一丢。"这是流传在徽州的一首歌谣。往外一丢，有丢出去学生意的，也有丢出去学手艺的。这里讲一个学手艺的故事。

说是有个人家生了三个儿子，三兄弟长到十多岁，书没有读好，事情又不会做，成天游手好闲。他们的父亲觉得这样下去，怎么得了。徽州人家学生意一般是要有点门路的，或是亲帮亲，或是邻帮邻。他家没有门路，只有让他们三兄弟出门学手艺，每人给一点路费，自己去闯，三年后学成归来，再定今后出路。

父命不可违，三兄弟便各拿着包袱、雨伞和一点路费一同上路了。到了三里亭三岔路口上，老大对两个弟弟说："二位弟弟，俺们就在此分手，各自去寻找门路学手艺，三年后的今朝，再到这里会面。学得如何，看各人的造化吧。"说罢，三兄弟就分三条路各自去了。

花开三朵，待我分别叙表。

先说老大在路上走了好多天，也没有找到一个学手艺的地方。这天，他来到一个村子，看见一个挑着大粪的男子汉正要向田里走去，那粪桶里密密麻麻地爬着许多粪蛆，上上下下，翻翻滚滚，让人看到都恶心死了。可那老大看见后却忽发奇想，便立即对那男子汉说："喂，大哥，你把这担大粪卖给俺吧，俺给你两文钱。"

那男子汉奇怪了，说："你一个大男孩，买这担粪，做什么呀？"

老大一本正经地说："大哥，你只管卖给俺，俺自有用处。"

那男子汉见他执意要买，心想，一担粪竟值两文钱，要知道自己帮人家打一天苦力，也没有两文钱。于是就卖给了老大。

不过，老大又说："大哥，另外俺提个要求，请让俺在你家吃住三年，俺会给钱的，还可以抽空帮你们干些活。"

男子汉想了想，便点头答应了。

老大很高兴，把简单的包袱放到那男子汉家，就上山去扳了许多松毛枝来，然后将那些松毛针扯下来，再拿起松毛针向那粪桶里的粪蛆射去，射中了粪蛆便提起来丢掉。从此，他天天练着，天天射着，到后来竟然一射一个准，射一根松毛针，就提起一条蛆来。过了一些日子，他竟把一担粪桶中的粪蛆全部射干净了。此后，他就凭着这手功夫，用树枝、竹扞，射游鱼，射飞鸟，甚至射走兽，且总是手到擒来。三年一过，他练成了一名神射手。

再说老二在路上走了好多天，也没有找到学手艺的地方。这天，他正在一条山道上走着，只见有个中年汉子挑着一个比较沉重的工具担子在前面走着，那工具担子里有个大家伙像一只大鸟。他当即感到好奇，便加快脚步赶上前去，对那人问着："师傅，你是干什么的？"

那中年汉子是个箍桶匠，但老二不认识。他见问话的是个大男孩，长得倒也憨厚实在，就停下担子，说着："俺是个箍桶匠。小伙子，你是干什么的？"

老二见这师傅很和蔼，便回答道："俺是出门学手艺的。你担子里那个'大鸟'一样的家伙是什么？"

箍桶匠笑了，说："什么'大鸟'，那是刨床，是刨桶板用的。怎么，你对这个感兴趣？"

老二说:"是的,师傅,就让俺跟你学箍桶吧。俺会给你学费的。"

箍桶匠想了想,就说:"好吧,你就跟俺走。不过,学箍桶可是要吃苦的,你吃得下来吗?"

老二很高兴地说:"俺虽说只有十四岁,可俺长得结实,吃得苦的。"说着,就要去接过师傅的工具担子。

箍桶匠说:"整副担子你挑不动的,我分一些给你拿吧。"

老二就接过师傅分给的几样工具,跟在师傅身后前行。

三年中,老二认真刻苦地跟着师傅学箍桶手艺,学得了一手好功夫。临别前,师傅要考考他的手艺如何,就在一只大水缸中间环绕着画了一圈白线,然后用船把大缸运到新安江对岸,叫老二在江这边望着那水缸打个箍,若能够恰好套在白线圈上,便宣告可以满师。老二目光炯炯地注视着对岸的大水缸,认真而熟练地编打起箍来。没有多少一会,箍就打好了,于是他拿着箍坐船到对岸,箍到水缸上,结果不上不下,恰好套在白线圈上。师傅很满意,老二也很高兴。于是,他便向师傅辞行回家了。

最后说老三。他与两位哥哥分手后,东找西寻,也没有找到学手艺的地方。过了有些日子,他正在一个山村里晃荡,忽然听到对面的山坡上有个女人的哭声。那虽然是哭声,却也如诉如泣,音调婉转,颇有引人的韵律。老三给吸引住了,心里说:"咦!这声调很好听哎!"他当即循声而去。

到了那个山坡上,只见一个中年女子坐在石墩上啼哭。老三走上前去,笑盈盈地招呼着:"大嫂,你这个小调唱得可好听哎!"

那女子正满心悲伤地在哭泣,忽然见一个十来岁的小男孩前来打趣,当即骂着:"你这死小鬼!来寻什么开心!"

老三继续笑道:"大嫂,俺不是寻你开心,俺是真心要花钱向你学唱。"

那女子与丈夫本是乡间一对闯江湖卖唱的，因近来生意不好，丈夫同她吵骂起来，还动手打她，所以她跑到山上来啼哭。今日见有人花钱来学唱，自然破涕为笑，当即将老三带回家去。同丈夫说明后，丈夫也同意了。

从此，老三就跟着大嫂夫妇学唱、卖唱。他在这方面很有领悟力，三年中，不仅把什么哭腔、道情、梆子等等都学得滚瓜烂熟，而且还通过观摩，从其他戏班子那里偷学了说唱做打等不少本事。

三年后，三兄弟按照当初的约定回家了，并且在三里亭汇合。汇合时，三兄弟互相拥抱，泪水横流，然后各自谈了学手艺的情况。那老二还从师傅那里得了一把竹篾刀和一根竹篾条，他一边走，一边编打着竹箍，到三里亭时，那个竹箍已经打好。

回到家中，已是傍晚，他们的父亲刚从田里犁完田牵着牛回来，见他们兄弟三个三年中个子是都长高了，但容颜没有变，还是蓬头垢面，褴衣破衫，心中很不高兴。他们的母亲见儿子回来却很是高兴，毕竟平平安安。她当即端来热水给他们洗脸，然后又端上晚饭叫他们吃。但父亲却坐在大门口，一边洗脚，一边火气冲天地说："不准给俺吃！你们必须把自己学的手艺一一讲来，讲妥了，俺满意了，再吃！"

父亲的话音刚落，三兄弟便开始表演起自己学的手艺来。他们的父亲、母亲见识到三个儿子所学的手艺都很高兴。

后来，老大参了军，成为一名神箭手；老二置办了箍桶用的工具家伙，走村串寨箍桶为生；老三也搭上了戏班子，闯江湖码头去唱戏了。

过渡吟诗的故事

这是很早以前，发生在新安江边一个渡口的事情。

这天早上，撑渡老大刚打开渡船门不久，只见从江岸上走来一个人，他头戴秀才巾，身穿绸布衫，手摇纸扇，显示出一副飘逸的神态，原来他是一位青年秀才。他的身后还跟着一个挑书箱的童仆。

秀才一上渡船，就催促说："船家，请你赶快开船，本秀才要赶往徽州府学应考。"

撑渡老大见他这么一说，觉得赶考事大，便立即答应，拔起竹篙，插入江水中。

当他正要开船时，忽听岸上有人大喊："喂，撑渡的，等一等！"

撑渡老大即停住渡船，顺着喊声望去，但见江岸上走来了一个头戴武士巾，身穿紧身衣，腰挂一柄宝剑的青年武士，脚步蹬蹬，显示出一副豪爽之态。他的身后还跟着一个挑着弓箭行李的童仆。

武士上了渡船，也招呼着说："船家，请你开船吧，本武士要赶往徽州府校场应考。"

撑渡老大闻说，立即拔起竹篙，正要下水把渡船撑开，只听得岸上又有人大声呼喊："喂，撑渡的，等等俺！"

撑渡老大停住竹篙，向岸上望去，只见走来的是一个挺着大肚子的妇女，双脚缓缓地迈着方步，身后跟着一个与她年纪相仿的男子汉，从态度上看，显然是她的老公。

他们夫妻俩一上渡船，那个孕妇也催促说："船老大，你快开船，俺要赶回婆家生孩子。"

撑渡老大见此情况，头脑里忽然产生了一个想法，只见他眼珠子骨碌碌一转，说："今朝你们三位，一上渡都急着催我开船，好啊！但我却有了一个主意，即每个人都即兴作一首诗，而且诗中要有'尖尖''圆圆'两个词眼。作对了，我就开船；谁作不来，谁就下船。怎么样？"

秀才心想，作诗乃是本人特长，还怕你个撑渡的？当即点头答应。

武士心想，本人虽是一介武夫，但还不是草莽，凑两句也还是行的，遂也点了头。

那个孕妇心中想，这个撑渡的，出这个鬼主意，分明是要将俺一个女流的军，以为俺的肚子只会生小孩，到时俺叫你们好看。于是她也点了头。

撑渡老大满意地说："既然大家都赞同，那俺就先来。"说着，他手持竹篙，摇头吟道："竹篙头尖尖，竹篙杆圆圆，俺手持竹篙撑水底，轻舟如叶到对岸。"吟完，他十分得意。

秀才不假思索，接着就吟道："毛笔头尖尖，毛笔杆圆圆，我手拿毛笔写文章，字如珠玑中状元。"吟罢，也是一副自鸣得意的神态。

武士略加思索，也脱口吟道："羽箭头尖尖，羽箭杆圆圆，我张弓搭箭射靶子，箭如流星中状元。"吟罢，也有一种不甘落后的神态。

孕妇立即站起来，拍拍自己的大肚子，也故作姿态地吟道："俺小脚儿尖尖，大肚子圆圆，俺会生三个儿子，老大文状元，老二武状元，不成器的老三嘛，手拿竹篙撑渡船。"吟罢，不由自主地哈哈大笑起来。

这一下，把秀才、武士和撑渡老大都弄得哭笑不得。

渡船自然很快撑过了新安江，三拨船客向各自目标走去，留下了一段佳话。

巧中状元的故事

从前，徽州有个姓高的举人，手摇折扇，带着书童和挑行李的仆人，摇摇摆摆，进京赶考。

这日已是黄昏，天色渐暗，高举人见身处之地，前不着村，后不着店，顿时惊慌起来。正在踌躇之际，忽然书童手指前方道："少爷，前边不是有个桃园吗？"

高举人手搭凉棚望去，果然百十步外，桃花满园，一片灿红，红花丛中掩映着一幢草房。他满心欢喜，即命书童赶快带路前行，挑夫随后赶来。

桃园里正有一位花甲老翁，在看管桃园。高举人走到跟前，招呼一声，便道："啊，老翁，我是赶考举人，路过此地，天色已晚，请让我主仆三人借住一宿，如何？"

老翁看了高举人一眼，道："你是赶考举人，那定有才学啰。"

高举人心中极为得意，但又故作谦逊，忙作揖道："不敢！不敢！"

老翁便道："要借住一宿，倒是可以，不过我要出个对子，对得上，照住；对不上，那就请走。"随即手攀一桃枝，道："垂头桃树倒开花。"

高举人苦思冥想了好大一会，也想不出所以然，十分尴尬，道："不才无用。还得行个方便。"

老翁冷笑道："去那草房睡吧。"

次日，天刚放明，高举人就告别老翁，带着书童和挑夫急急忙忙上路了。走了一些日子，他又把桃园之事丢之脑后，照旧摆出学士之态，摇摇晃晃，优哉游哉！

不料这日黄昏，又遇到前不着村、后不着店的窘境。高举人不免又惊慌起来。正束手无策之际，忽然书童手指前方道："少爷，前边不是有座水碓吗？"

高举人顺着书童手指方向望去，果然百十步开外江水边，有一房屋坐落在岸上，一个偌大的水轮子，在水流的冲激下，缓缓滚动，响着"吱吱呀呀"之声。他满心欢喜，催着书童和挑夫与己快行。

水碓里正有一位年过半百的老妪，在水碓里磨麦，磨在转动，面粉潸潸而下。高举人走进去招呼一声，便道："啊，老婆婆，我是赶考举人，路过此地，天色已晚，想借住一宿，如何？"

老妪望了他一眼，道："哦，你是赶考举人，那你很有才学啰。"

高举人心中极为得意，但还是谦逊一番道："哪里！哪里！"

老妪道："要借宿可以，不过我要出一个对子请对，对得上，但宿无妨；对不上，请便。"说着，手抓一把麦子，吟道："麦黄麸赤面如霜。"

高举人苦思一阵，又对不出。

老妪见他神态可怜，便道："去那罗筛柜里住一宿吧。"

高举人心里像打翻五味瓶，很是没有滋味。次日一早，又赶紧上路了。

时光匆匆，转眼间一年一度的春闱来到。高举人笔上功夫却是不凡，会试得中贡士，在殿试上，成绩与另一名贡士并驾齐驱。究竟取谁为状元，皇上犯了难。思索一番，决定将二人带到内殿再面试。

北京的春天还有一些料峭之寒，内殿里已燃起一盆炭火。皇上道："二位笔试俱佳，难分伯仲，状元难定。现寡人出一个对子，与二位面试一番，如何？"

两位贡士俯身作揖，道："但凭皇上吩咐！"

皇上一笑，道："寡人就以这盆炭火为题，上联'炭黑火红灰似雪'，请对。"

高贡士当即想起途中磨麦老妪之句，连忙对道："麦黄麸赤面如霜。"

对得很巧妙，工整，皇上很是高兴。另一位贡士很不服气，道："皇上，只试一题，恐有不妥吧。"

皇上看到他那扭脖歪头的样子，立即想起一种形象，便道："那好，寡人再以塘中藕荷为题，上联'扭颈莲蓬歪结子'。请你先对。"

那位贡士想了半天，又对不出。高贡士当即想起桃园老翁之句，脱口对道："垂头桃树倒开花。"

两对俱佳，徽州高贡士被皇上钦点为状元。不过，他心中明白：此状元实在是拜那老翁和老妪二人所赐啊！

吝啬鬼的故事

从前，有两个吝啬鬼，一个姓吴，一个姓贾，同在一个县衙门里做事。

这天，衙门里的事做完，吴某忽然对贾某说道："哎，老贾，与你共事多年，还没有在你家吃过饭。明天你请一次客，就我一个人，怎么样？"

贾某一听，在心里骂开了：好你个姓吴的，你不也没有请我吃过饭吗？想敲我一回，哼，我贾某也不是吃素的。可他面上还是笑着说："好啊！你明天中午去吧。不过你家离鱼市近，顺便带条鱼来。"

吴某听了，先是得意，继而也在心里骂道：好家伙，你姓贾的果然是吃肉不吐骨头，请客还要客人自带鱼。但他面上也笑着回答："好，我顺便从鱼市带条鱼去。"

次日中午，吴某便兴致勃勃地往贾家去了，手中的确也带了一条鱼，不过那不是从水中捞起来的鱼，而是他用笔在纸板上画的剪下来的鱼。

到了贾家门口，吴某老远就喊着："老贾，酒菜准备好了没有？客人来啦！"

贾某听到吴某的叫唤，边揩手边走出门来，应道："噢，老吴来啦，酒菜准备得差不多了，单等你的鱼了。"

吴某听了一笑，把手中的纸鱼一扬，说："看，鱼带来了，怎么样，还不错吧？"

贾某见姓吴的竟带来一条纸画的鱼，心里又骂开了：你这家伙，带条纸鱼来，不是明显要占我的便宜吗？好，看我怎么收拾你。但面上仍笑着接过纸鱼，说："不错，是一条好鱼，你先在堂前坐一会，我到屋后杀鱼去，等鱼烧好了，几样菜一起端出来，我们哥俩喝几杯。"说罢，贾某便进了屋，连水也没有给客人倒一杯。

可是，吴某在堂前等来等去，也不见贾某出来，又不好意思催促。

其实，贾某根本没杀什么鱼，那纸鱼也不能杀，而是自顾自在厨房里吃喝起来，哪管你什么客人。

又等了好长时间，吴某的肚皮早已咕咕叫了，他实在是等不及了，便在堂前大声叫道："老贾啊！怎么酒菜还不上桌？我肚子饿极了。"

贾某却只在厨房里答应着，说："你别急，还没有完全烧好。"又过了一会，贾某终于出来了。

只见他手中拿着一张纸，纸上画了四个碗，碗里分别画的是鸡、鱼、肉、蛋，自然还画有一瓶酒、一只杯子、一双筷子。贾某把那张纸往八仙桌上一铺，洋洋洒洒地说着："老吴啊，你看，这是红烧肉，那是清炖鸡，这是你带来的糖醋鱼，那是一碗鸡蛋汤。喏，还有酒，你慢慢享用吧。我里屋还有点事，就不陪你了。"

吴某早就给气呆了，恼火了，叫嚷着："吃、吃、吃，吃你个饼！"当即气呼呼地掉头就走。

贾某却在他身后笑眯眯地说："老吴，别走啊！你还要吃饼？那好，给你一个。"说着，他用两手的拇指、食指比划了一个空圆圈。

以占人便宜为目的，却被人家占了便宜。朋友之交须诚心。

火龙骟的故事

从前，徽州有个老财主，生有三个女儿，嫁给了三个女婿。大女婿是个做官的，二女婿是个做生意的，三女婿却是个做农的。

这老财主素来欺贫爱富，最看重的是做官的大女婿，对有钱的二女婿也很看重，最看不起的是做农的三女婿，只有薄薄的一点土地，一年到头的劳动只够自己糊口，对老丈人没有多少孝敬。

这年六月初六，老财主六十岁了，花甲大寿自然要热闹一番。他早早地发出话来，三个女婿，谁最先赶到他的庄园拜寿，就奖赏谁一百两银子。他心里的意思是，这奖赏不是大女婿得，便是二女婿得，他们有势有钱，可以坐轿、骑马而来，定然有一个先到；至于三女婿，一介农夫，住在老远的乡下，肯定不会占先的。这大女婿、二女婿也各自认为，夺得老丈人奖赏的非自己莫属。

三女婿也知，这是老丈人看不起自己，故意出这招来为难。他心中便说：哼，俺偏不信这个邪！不过，他也知道，要从中取胜，就必须要出奇招。他想出了一个办法，扛起锄头，从山上挖来一个大树根，用刀斧把皮割去，制作成一个非驴非马，却又似驴似马的怪物，又买来红黄绿纸，把它包裹粘贴起来，还用笔画上眼睛、嘴巴、触角等。乍一看去，还真有模有样。他给取了个名字，叫做"火龙骟"。

三女婿是个做农的，长年的劳作，有的是一身力气，近两百斤的东西，他可扛起来飞跑。所以到了六月初六的前一天，他半夜里就扛着这"火龙骝"，带着妻子上路了。

六月初六一大早，天还蒙蒙亮，老财主家的墙院门就被敲得山响。门房还正在梦中，就被敲醒了，他一边穿衣，一边问道："谁呀！天还没有大亮呢，就来敲门，烦不烦呐！"他慢吞吞地把门打开，出来一看。

只见那三女婿雄赳赳地站在院门前，三女儿坐在一头非驴非马却又似驴似马的怪物身上。门房当即惊叫起来："哟！原来是三小姐、三姑爷，这么早就赶来给老爷拜寿啦？可真是太阳从西边出来了。"

三女婿恼火道："你啰嗦什么。俺们是骑火龙骝来的，不到半个时辰就赶到了。"说着，他吩咐门房叫两个家丁，把这火龙骝抬到柴房里去，并把门锁好。他对门房和家丁们说："你们别看它现在不响不动，可一响动起来，任有多少个人也管不住。"两个家丁费了好大劲才把这个怪物抬进了柴房，并按吩咐把门锁了起来。

老财主也早在屋内听到院子里的响动了，便向窗外问道："这么早，是谁先来啦？"

三女婿脚步蹬蹬地走上前去，答道："爹，是我们，三女儿和三女婿！"

老财主很不相信，但是进屋站在他面前的，正是他的三女儿和三女婿。他无奈地笑着，招呼三女儿和三女婿坐下，问道："老爹真没有想到，会是你们先到。你们是怎么来的？"

三女婿骄傲地说："俺们是骑火龙骝来的，那可是俺家的传家宝。"

老财主疑问道："你们家的传家宝？俺怎么不知道。"

三女婿诡异地说："俺爹临终前告诉俺，传家宝是不能给别人知道的，也不能轻易动用的。今天是老丈人六十大寿，为了赶早给您老拜寿，俺们才动用了这传家之宝。"

老财主又半信半疑地问道："那你家的传家宝呢？让俺看看。"

三女婿依旧神秘地说："俺把它关到柴房里去了。它可以不吃不喝，也不能随便见生人。老丈人，你还是别看吧。不然，它作起怪来，后果可难预料啊！"

老财主只好作罢，并且很不情愿地兑现自己的诺言：将一百两赏银交给了三女婿。

不一会，大女婿、大女儿和二女婿、二女儿也都骑马坐轿先后赶到拜寿，不过，奖赏就没有他们的份了。

一天的庆寿活动热热闹闹，宾客盈门，盛况空前，不必细叙。单表庆寿活动结束，大女婿和二女婿在一起嘀咕开了，要算计把三女婿的"火龙骝"弄到手。

他们商量了一番，就由大女婿开口对三女婿说："老三哪，听说你们是骑传家之宝来的，叫什么'火龙骝'。这我们倒没有见过，也没有骑过。你能不能把那传家宝给我们看看，并借给我们骑一骑？"

三女婿知道他们的花招，说："既是传家宝，那就不好随便看，更不能随便出借。"

二女婿紧接着说："不能借，那就卖给我们吧。"

三女婿说："卖，也是不行的。"

但是，大女婿和二女婿一再地死缠烂磨，三女婿故作经受不住了的样子，说："好好好，谁叫俺们是连襟的亲戚呢。这样吧，你们出一千两银子，俺卖给你们。"

大女婿和二女婿有的是钱，二人对了一下眼色，就答应了，并立即交付了银子。

不过，三女婿又特别提醒说："俺这'火龙骝'只有在大清早才能发威，而且必须驮它到三里山外，它才肯发威使用。"

大女婿、二女婿连忙说道："好好，就照你老三说的办。"

第二天一早，家丁把柴房门打开，三女婿走进柴房，把那只"火龙骊"扛了出来。这一百多斤的东西，他是一个做农的，长年累月，挑抬驮扛，自然扛得轻而易举。其他人恐怕就要抬了。

三女婿对大女婿、二女婿说："按理说，你们要骑这'火龙骊'是要自己抬出三里山外的，但看你们细皮嫩肉的样子，可以找两个人代替。不过，俺把话说在前头，到时要出意外，俺就没有办法了。"

大女婿、二女婿上前去看那神奇之物，但一大清早，雾蒙蒙的也看不清楚，只见像一匹马的样子。他们用手掂掂，太重，便只好叫两个身强体壮的家丁代替他们抬。

一班人便上路了。两个家丁抬着"火龙骊"在前面走，三个女婿在后面跟。那三里山路又高又陡，抬着的两个家丁很吃力，走着的大女婿和二女婿也很吃力，只有三女婿不当一回事。两个抬着的家丁要求歇歇气。

三女婿说："不能歇气，不然要起变故。"

大女婿和二女婿也附和着说："听老三的，不能歇气。"

两个家丁只好一步一步地往山上抬。好不容易抬到山顶，他们实在是坚持不住了，便不由自主地歇了下来。这下可糟糕了，那"火龙骊"还没有停稳当，就呼隆呼隆地往山下滚落，滚到半山腰，惊醒了一只熟睡的老虎，不知遭遇到什么情况，就当即奔腾起来，从这山奔到那山，从近处奔向远处，虎虎生威，令人惊叹。

三女婿忙跺脚叫着："叫你们别停歇，别停歇，这下好了，它立即就窜溜了。你们看这阵势，多威风啊！"

大女婿和二女婿也都惊呆了，连连叫道："是威风啊！"

三女婿叹气说："可惜它跑啦！溜啦！再也不回来啦！俺的传家宝也没有啦！"

大女婿、二女婿说："我们的一千两银子也泡汤啦！"

看家蛇的传说

据老人们说，乡村人家一般都有一条"看家蛇"，平常日子是见不着的，但是它在暗中保护着主人的家。

那么这"看家蛇"是个什么来历呢？其中有一段有趣的传说。

说是在很早很早以前，有个青年农夫一大清早，挑着一担干柴，翻山越岭到小镇上去卖几个钱来维持家用。

走到山腰的时候，他觉得有些累了，就用担柱撑着扁担歇气。此刻，他看见一条两尺来长的蛇，正往一条高地磅上爬着，由于它的肚子很大，爬得很艰难，尤其是快到顶端时，怎么爬也爬不上去。青年农夫看它那样子很可怜，就拿起担柱轻轻地托了那条蛇一把，那条蛇借了农夫一托之力，终于爬上了地磅，头也不回地游进了草丛里。

夜里，青年农夫早已卖完柴回到家中，并已经吃好晚饭，要与妻子安歇了。他的妻子也正怀着八九个月的身孕，行动很不方便。青年农夫就用双手搀扶着妻子上床，并且说："今天早上，俺去卖柴，看见一条蛇也怀了身孕，上地磅时，怎么也爬不上去，好可怜，俺就用担柱托了它一把，它才爬上去了。你呀，现在挺着个大肚子，也要俺扶一把，才上得床去。"

青年农夫的话刚讲完，只听床顶上"呼隆"一声，紧接着，窜下一条三尺来长的蛇来。只见那条蛇竖立在床前，向着青年农夫点了三下头，便翕然无声地不见了。

原来，这条蛇就是早上青年农夫遇到的那条母蛇的丈夫。那条母蛇上了地磅，爬回洞里去，却对公蛇说："啊呀！今天好危险哪，要不是我爬得快，差点被一个卖柴的用担柱棍打死！"

公蛇一听，十分恼火，遂下山来窜进了青年农夫的家，要进行报复。但在听了青年农夫说的一番话后，才知青年农夫是好意，倒是母蛇不知报恩，反而搬弄口舌，告了恶状，差点让自己害了好人。

这公蛇之后便开始暗中保护青年农夫的家。

据说从那以后，乡村人家便有了"看家蛇"，只是大多数的时候难得一见。所以老人们常对小孩说，在家里看到了蛇，不要害怕，也不要打。

第七辑

徽商家风

徽州商人在外经商，以诚信仁义为经营道德；在内持家，以孝亲、友爱、勤俭、睦邻为生活理念。他们家风淳朴，修身行事，也发生了许多可歌可泣的故事。

金公著千里寻父骸

一个人刚出生不久就失去父亲，这是人生的大不幸；而父亲又是客死在千里之外的他乡，想祭拜寄表哀思而不能，则是更大的不幸了。清代初期的歙县人金公著，就是这个更大的不幸者。

金公著刚出生9个月时，父亲金五聚就逝世于经商之地北京。由于当时经济所限，未能返回故乡，就安葬在客地。年幼的金公著由母亲许氏抚养成人。但他看见人家孩子不仅有母亲，而且有父亲，自己却没有父亲，于是孩童时的金公著就询问母亲：我的父亲到哪里去了？他长得什么模样？为什么不来见我们？这样的问题，面对着幼小的孩子，对于一个失去丈夫的妻子来说，是很难回答的，所以刚开始时，许氏只有编一些话语来搪塞儿子；但多次的询问，她也知道孩子逐渐长大了，再瞒也瞒不住了，即把他父亲的情况一五一十地告诉了他。少年的金公著听了母亲饱含热泪的哭诉，也禁不住潸然泪下，紧紧地抱住母亲哭了起来。

随着时光的流逝，金公著已到了弱冠之年，长成了一个结结实实的小伙子。在随着时光成长的日子里，金公著的心中一直怀揣着一个梦，即一定要把父亲的遗骸请回家乡来，让自己能够尽一尽每年祭拜的孝道。这一天，一个秋收后的日子，已经长成大人的金公著告别了母亲，带着简单的行装和盘缠，独自一人踏上了进京之路。从皖南的徽州歙县到北方的京城，有数千里之遥，尽管他是一个壮小伙子，但这一路风尘，舟车劳顿，也是十分辛苦的事情。经过一个多月的跋山涉水，金公著终于到了京城。

当时，在京城中，徽州歙县人设有会馆，这是徽商作为以乡土血缘为核心的商业团体的重要标志之一。在歙县会馆的职能中，联络乡谊是重要目的，既承担徽州人进京的栖宿责任，还购置阡地，设立义阡，使染疾而逝世于京城的清贫艰苦者，在遗骸难回故土时有一个异乡安葬之处。所以金公著一到京城，即奔赴歙县会馆以求得帮助。其实，当年他父亲的安葬后事就是依靠歙县会馆的帮助而办理的。然而岁月已久，会馆里的人员也更换了不少。不过对从家乡来的人，歙县会馆还是热情接待的，这使年轻的金公著有宾至如归的感受。他从一位故旧老人的口中得知，亡父被安葬在京城之南石榴庄的左侧。石榴庄正是徽州歙县会馆在京城设置的一座义庄，专门收葬客死京城的徽州人。或许是那位老人记忆有错，金公著在石榴义庄左侧却没有发现父亲的墓地，心中不免有些遗憾。但他千里而来，决不能放弃，于是他继续向人打听。后来终于在住义庄僧人的引导下，在义庄的右侧找到了父亲之墓，墓前还立有石碑，碑文中记载得一目了然。金公著一见，是既喜又悲。喜的是千里寻父骸，终有结果，不负此行；悲的是当年的父亲为了一家人的生活独闯京城，却壮志未酬客死他乡。在悲喜交加之中，金公著将父亲的遗骸掘出包裹好，装到盒子中，谨慎地背着返回家乡了。当时正值凛冽的寒冬，而北京的冬天比南方的徽州要寒冷许多，金公著的手和脚都被冻得皲裂了，血丝丝的。但他一心扑在为父亲的事情上，自己丝毫都未曾觉得。的确，在他看来，只要实现一片孝心，自己吃多少苦都无所谓了。

金公著把父亲的遗骸带回了家乡，选择了一块墓地，进行隆重的安葬。家乡的亲朋好友也都争相前来慰劳和帮助他。在大家的帮助下，金公著终于完成了多年的心愿。

　　徽州土地少，许多人都踏上外出行商谋生之路。年轻的金公著也想走这条路。然而他看到慈祥善良的母亲苦守贞节，含辛茹苦地把自己抚养长大，而自己还没有报答母亲的恩情，所以他不忍心离开母亲而去，选择了守在母亲身边，以努力耕种为业。他对母亲十分孝顺，每天每餐都必定问候母亲的冷暖饥饱，谨慎地依从母亲的吩咐去行事。但是在家乡务农，实在难以维持生计。后来在母亲年老病故之后，他已是一个壮年人了，这时他才离开故土出外经商，往来于苏州、绍兴以及庐州、凤阳之间，并在定远县的垆桥镇商居时间最久，家境也渐渐富裕起来，最后告老还乡，留下一个不忘故园的孝子形象。

方如琎寻祖遗骸记

寻访先人遗骸回故乡的事情，在徽商中不是少数。这里且表一个寻访祖父遗骸经历奇特的故事。

话说主人公方如琎，字子正，是歙县环山人。他的祖父叫方慕塘，在长江之北的潜山县经商，后来染病逝世于潜山。当时正值明朝末年战乱纷纷的时刻，所以亡故他乡的灵柩不能够运回故乡，便只得从简安葬在潜山，而且纷乱的局面使得不久就不知安葬于何处了。

转眼间到了清朝初期，少年的方如琎从父亲口中得知祖父客死他乡的事情，便立志要去潜山找到祖父之墓，寻到遗骸归葬家乡。然而他数次去潜山，皆没有找到祖父的墓地，都只有饮泣吞声而归。

时间又过去很久，方如琎询问了嫁给程姓的一位姑妈，因为这位姑妈正是从潜山嫁回徽州的，这时已有70岁了。当她闻知侄儿方如琎要寻访自己父亲在潜山墓地的事，很是感动，表示愿意同侄子一起前往寻访。方如琎见姑妈年纪大了，怕她经受不住路途的辛苦。姑妈却说，年纪虽大，但身体硬朗，不妨事。于是方如琎又一次踏上了去潜山寻访祖父之墓的路途。他以为这次有姑妈同往，一定不会失望了。谁知他和姑妈到潜山后，年已古稀的姑妈也茫然不知了，因为父亲逝世时，她仅是一个14岁的少女。

面对茫然无措的老姑妈，方如琏没有放弃。而侄子的孝心和决心也感染着年迈的姑妈，决心陪伴侄子一起继续查访。在查访中，有的人说，当时战乱之后，枯骨无数，被某寺的僧人当作普通的亡者，一起合葬到一个塔中了；有的人说，某个石洞里还藏有一些破败的棺木。听到这些传说，方如琏都陪伴姑妈前去查看，尤其是在那石洞里，果然见到有许多破败的棺木，杂乱无章地堆放着，但上面都没有题识和标志，所以都很难辨认。

也许是苍天不负孝心人。正当方如琏和姑妈绝望之际，突然，古稀之年的姑妈在一个旧棺木中见到了一团乱发，那团乱发中有一支发髻的银簪还在闪着一丝儿光芒。她连忙用枯老的手，抖颤颤地捡起了那支银簪子，仔细地端详着：这物件是那么地熟悉，又是那么地亲切。她当即老泪纵横起来。方如琏见姑妈如此情状，连忙予以搀扶着，并问："姑妈，你怎么了？"老泪纵横的姑妈再也忍不住地大哭着对侄儿说："如琏啊，是它，是这支簪子，当年被作为陪葬品收敛到棺木中，那年我14岁，亲眼看见的。这回来寻访，还算我没有死，不然真没有人知道了。"方如琏听姑妈这么一说，也顿时悲喜交集起来。他们立即认定这藏有银簪的棺木正是盛殓方如琏祖父方慕塘遗骸的，于是方如琏重新买来了棺木，将祖父的遗骸收于新棺之中，并千里迢迢运回家乡，隆重安葬。还有一个奇异之处在此也得到验证。原来方如琏平时右膝常常酸痛，而且有些发黑；现在见祖父遗骸的右膝处遭漏水侵蚀的痕迹，也是色气黝黑，同方如琏的患处一个模样，姑侄二人都大为骇异，遂认为是一气感召之理。

安葬了祖父遗骸之后，方如琏更坚定了行孝做善事的人生宗旨，所以他生平中有许多义举。他曾捐资助修了有"江南都江堰"之称的渔梁坝，还独资整修了歙县城西的古虹桥和龙王山下的五里石栏杆，这些义举，动辄耗费银两都在两千缗。他不仅在故乡行义举，在外地也大做善事，如在镇江的京口，就常设救生船，救助了许多江上遇险遭难的人。他的孝心义举，也积德恩泽于他的后人，子孙登科入仕的有数人。其中第三子方为淮，继承了父亲行善仗义的品德，在乡里的祠社桥梁的兴修中都慷慨行义，孝亲善友的品行在乡党中都享有盛誉，而且被知府延请为乡饮正宾。

程世铎万里寻父归

先人辞世而去，寻觅骨骸返归故里安葬，这是后人孝行的表现。但先人活着的时候就尽心尽孝，更是真孝行的表现。这里再表一个时隔20余年后，将失散在万里之外的父亲寻回故乡，与家人团聚的故事。

话说清朝初期，徽州府歙县褒嘉里有位叫程世铎的，他还在6岁那年，父亲就到外面经商去了，然而自出门以后，音信全无，不知生死。年幼的程世铎只有与慈祥善良的母亲相依为命。母亲对他含辛茹苦，无比慈爱；他对母亲则奉如甘旨，尽心行孝。在母慈子孝中，程世铎渐渐长大成人。但在与母亲相依为命中，他总是思念着在外经商未归的父亲，他母亲也总是思念着出远门不知音信的丈夫。母子俩在思念之时，也都总是抱头痛哭，泪水涔涔……

这一年，程世铎已是22岁的壮小伙子了，母亲倾尽全力为他娶了妻室，使家庭得到了发展。但身处蜜月中的程世铎，并没有迷恋小夫妻间的甜蜜生活，心中仍有失散在外多年的父亲的影子，且立下要把父亲寻回家乡的壮志。只不过那时，他家境本不富裕，娶妻成家又花去不少钱，使得家境到了赤贫无出行盘缠的地步。于是他想通过一个时期的努力，积攒一些路费；同时，他又向外出经商的人多方打探，推测出父亲的踪迹应在祖国的大西南。

大方向有了，20多岁的程世铎毅然收拾简单的行装，带着不太丰厚的川资，告别了慈爱的母亲和亲爱的妻子，从徽州歙县出发，直向滇、黔、巴蜀，即今日的云南、贵州、四川等地而去。然而大西南的地盘该有多大啊，可以说是无边无际。仅有大方向，而没有具体的小区域，这样的行动肯定是盲目的，这样的寻亲亦无异于大海捞针。所以，程世铎在数年里，寻访了西南许多地方，总是怅怅无半点收获，怏怏而归。

忽然有一天，有个从云南回来的徽州客商，闻知褒嘉里有个程世铎在寻找失踪的父亲，遂热情地前来告诉他一条确切的信息。他说，你父亲本在云南经商，因为发生了吴三桂反叛清廷的战争，而你叔叔又在战乱中亡故了，你父亲为了寻访你叔叔的遗骸，离开云南而去了东川；而那时的东川，正陷入吴三桂叛军与朝廷兵马的激战之中，因而你父亲也难以从那里走脱了。依我的估计，现在他应该还在东川。

听了这位云南归客的一番话，程世铎很是高兴，当即向其拜谢，然后又戴着斗笠，穿着草鞋，星夜启程，去深入东川那不毛之地和战火之中。一路之上，既有豺狼虎豹等四脚猛兽逼近的危险，又有魑魅魍魉等两脚凶徒点燃战火的磨难。但程世铎寻父之志如山高水长，不可更移，所以即使有无穷的凶险，他也在所不惜了。出门在外，路途劳顿那是自然而然的事，没有饭吃没有水喝也是常有的事情，尤其是到了不见人烟之地，常常是几天才寻到一点吃的。饿肚子是很可怕的，但瘴疠之气对他的四肢和骨骼的侵害才是最可怕的，他在瘴疠之气的侵蚀下生病了，而且数次病到濒死的绝境。但这一切困难都没有消退程世铎寻父的意志，他终于从死神手中逃脱而到了东川。

然而当他抵达东川城后，却又得知父亲已到东川的郊外去了。他便又寻访到东川郊外。但到了那里，又闻说父亲去了乌蒙，即云南的昭通。于是程世铎又马不停蹄地去乌蒙，终于在那里见到了失踪多年的父亲。然而当父子俩相见时，都互不认识，唯有通过交谈，口音相同皆是徽州话，而且细叙籍贯、年岁、姓名等等信息，遂互相认知。父子俩自然是一番抱头痛哭。这时候，相距父亲离乡外出已是21年了，父亲已年过半百，程世铎也已27岁。在交谈中，程世铎知晓了父亲在外经商遭受战乱，叔父死于乱中，寻遗骸不得，颠沛流离，毫无成就，无颜见家乡父老的千辛万苦；父亲也知晓了儿子程世铎为寻访自己万里奔波数年不断的万苦千辛。终于父子俩相互扶持着回到了阔别的故乡徽州歙县。

再说程世铎在新婚后不久就离家万里寻父，数年之中，家中全靠贤惠的妻子徐氏，殷勤耿耿地孝养着他的母亲，使他没有了后顾之忧。所以人们称程世铎与徐氏是双孝。当老少两对夫妻重新聚首时，那真是悲喜交加。

清雍正二年（1724），徽州和歙县两级衙门将程世铎夫妻双孝的事迹呈报朝廷，得到奉恩旌表建牌坊，举行崇祀典礼的表彰和荣耀。

曹孝子寻父骨传奇

徽州孝子不惜辛苦千里寻找先人遗骸的故事，要说离奇的当属现在叙述的曹孝子的事情了。

曹孝子，名起凤，字士元，祖上是徽州人，由父亲曹子文迁居江苏昆山。曹子文把家安在昆山之后，却到西边的蜀地经商去了。开始的几年，他都按时寄些钱回来养家。然而过了几年，不仅没有钱寄回家，而且连音信也没有了，家里人都十分挂念，却总也打听不到他的信息。

这一年，曹起凤已经16岁了，遇到了一个从蜀地经商回来的人。他就向前问道："老伯，你在蜀地经商，可认识家父曹子文？"

那客商回答道："小伙子，我认识啊，我们是同在蜀地经商的，不过不在一处。"

曹起凤继续问道："那你可知家父近在何处？为何这么些年音信全无？"

那客商见一个十多岁的少年这么一问，不由得眼圈子就红了起来，道："啊呀，孩子，难道你还不知晓令尊他已亡故多年啦！"

曹起凤听了这个噩耗，泪水即从心中涌起，但他强忍着，即又问道："那么家父过世在何地？"

那客商说："孩子啊，实在抱歉，我也是听人说的，具体亡故在何地，老汉我也实在不知详情。"

他的话刚说完，16岁的曹起凤再也控制不住心中的悲愤，大声痛哭起来，谁知竟一口气上不来而昏厥倒地。幸好周围不仅有那位老客商，而且还有其他人等，立即进行呼唤和抢救，才将这个少年孝子唤醒过来。

苏醒过来的曹起凤便决心要去蜀地，寻找父亲的遗骸归来。他把自己的想法禀告了母亲。母亲说："孩子，你的孝心是很好的，我也不反对。但只是你，一来年纪尚小，千里迢迢，独自前往，叫为娘如何放心？二来蜀地距此甚远，而我们家境贫困，哪里能够为你筹得许多盘缠？"听了母亲的言语，曹起凤也甚觉有理，无奈只有作罢。

消息传到苏州长洲潘为缙的耳中。这苏州潘氏也是从徽州歙县迁徙去的，也算是徽州人，况且他又是一个慷慨好义之士，闻同乡移民中出如此孝子，且有困难，当即解囊相助，赠给曹起凤100两银子，派下人送去，作千里寻父的盘缠。

曹起凤得此赠银后，即要动身。但母亲还是担心他年少，难以承当此任。正在此时，曹起凤的叔叔曹尼之得知了，即说："嫂嫂，既然侄儿年少，那我作为叔叔的，当义不容辞代侄儿前去寻访一番。"曹母说："既是叔叔有这个心意，那就烦叔叔辛苦一趟吧。"于是，曹尼之即带了潘家所赠盘缠，自告奋勇地出发了。然而过了许多时候，曹尼之千里寻兄，毫无所获，怏怏而归。

无奈地过了几年，曹起凤已长成20岁的壮小伙子了。几年中，他每每思念起抛骨在外的父亲，都会悲愤得伤痛欲绝。他外出寻父之志仍然坚固在心。苏州义士潘为缙闻知后，又一次赠送他40两银子。

得到资助的曹起凤遂告别母亲和家人，动身由陆路前往蜀地。他先是借道河南省，又经过陕西省，再从陕西西南走到了四川成都之南。他将寻父的事情详细地写成文牒，贴在硬纸板上，然后负在背上，一路走去，逢人即哭诉询问。然而得到的皆是摇头不知的回答。真是一路走一路问，一路希望变失望。这样，他走到了四川与云南的交界处，最西还到达大渡河的上游金川。这样，过了整整一年，都没有得到父亲的半点信息。

此时，曹起凤的那点盘缠早已用尽，他一路乞讨着，又返回了成都。在成都，他有幸遇到了徽州和苏州在那里的两位客商。两位客商都为同乡孝子寻父的事迹所感动，不仅款待他数日，让他好好地休养整顿，而且联合赠予他20两银子，助他继续寻觅父亲的遗骸。

经过数日休整并得到资助的曹起凤，来到成都诸葛武侯祠内，向诸葛亮的神像进行祷告抽签。后曹起凤离开成都向东而行。

川东是层峦叠嶂的山区，道路十分险峻，一路上，曹起凤常常摔得头破血流，匍匐于乱草丛中，无人问津，只好自己慢慢地爬起身来，擦擦血迹，拂去草叶，继续前行。这一天，他来到了川东南与贵州、湖南二省交界的酉阳，时逢隆冬，空中飘起鹅毛大雪，霎时间酉阳一带山区积雪有一尺多深。行走在寻父道上的曹起凤，尽管年轻体壮，但奔波了一年多、受尽长途折磨的他，再也无力前行了，他又冻又饿，晕倒在雪地中。这一倒地，竟然一连七日没有他人从此走过。期间，他挣扎着醒了过来，爬过积雪，到了一个土洞子中，又晕了过去。

到第八日，有两个当地人，一个姓项，一个姓许，从这里经过，见有一群乌鸦围绕在一个土洞前，嘎嘎鸣叫着，互相间还扇扑着翅膀争斗。项、许二人连忙走上前去，赶走了乌鸦，只见一具冻僵的"尸体"躺在土洞内。他们即用手指到其口鼻前试试，感到尚存微微的气息，当即把他扶起。扶起时，却见他背上有一张文牒，从文牒所知此乃千里寻父在外的人，都交口称赞："孝子！孝子！"项、许二人即轮流把倒在雪洞中失去知觉的曹起凤背回家来。

背到家中，连忙给他饮下一碗热汤，曹起凤这才苏醒过来，浑身也回暖复苏。见被救者稍有精神了，项、许二人才问他一番经历和缘故，都为他的孝心和意志而赞叹不已。当下，项、许二人就收留了曹起凤，安排他住了下来。次日，为了使他能尽快地恢复身体，便以丰盛的酒肉来款待他。然而曹起凤不饮酒、不吃肉，只吃些素菜淡饭。项、许问他何故？曹起凤回答道："我已立下誓言，寻不见父亲的棺木，决不饮酒食肉！"项、许二人见他有这番意志，自然遵依他，并更为佩服。

曹起凤住了下来，这一夜他却做了一个离奇的梦。恍惚之间，他觉得自己走进了一片荒原，荒原中有一处树林，一个老翁与几个人正坐在林中谈叙着什么。见曹起凤走进林中，那老翁突然拍着双手，哈哈大笑道："月边古蕉中鹿两，壬申可食肉。"这实在是两句令人摸不着头脑的话语，曹起凤也不知是何意思，不过他牢牢地记在脑海里。此时，他一觉醒了过来，便认为这或许是对自己寻父的一种暗示，于是他向项、许二人告辞，要继续踏上寻父遗骸之途。

热情的项、许二人却连忙止住他的行程，真诚地劝告道："这里正与苗族山寨相邻近，苗人野蛮，生人贸然走近会发生意外的。况且现在正值隆冬，天寒地冻，而你先前奔走已久，身体还很亏虚，倒不如留下来再住些日子，待过了年，开了春，身体康复了再走，不好吗？"曹起凤见他们恳切真诚的态度，而屋外也确是寒风凛冽，雪盖地冻，遂依从他们而住了下来。

时光流逝，很快到了开春之日，这一天，曹起凤出行了。项、许二人不放心他一人独行，便一起送他一程。行走间，他们经过一片荒原，这景象正如曹起凤在梦中所见一样，而在一棵白杨树下，有不少棺木堆积。曹起凤见此景象，止不住的泪水夺眶而出。一旁的项、许二人见他这副情状，便立即问他何故？曹起凤揩着泪水说："眼前的景象，跟我先前做的一个梦所梦见的情景一样，莫不是我父亲的遗骸就在这里？"说着，他把自己的梦境细细地告诉了项、许二人。

项、许二人道："不错，我们想起来了，有一个姓胡的徽州人居住在这里已经有好多年了，我们就去问问他吧。"曹起凤见有徽州人住在这里，自然乐意前去。

说话间，曹起凤随着项、许二人，来到了那胡姓徽州人居住之处。胡生见有徽州故乡人来访，随即热情接待。当曹起凤问起自己父亲的情况时，胡生想了好一会，说："不错，我记起来了，十年前，是有一个姓曹的同乡人在这里经商，得病亡故，并在此安葬了，下葬时还将他随身所带的一块牙牌放进棺木之中，莫非就是令尊吗？"

曹起凤连忙道："这便正是先父了，我要将他的遗骸带回家乡去安葬。"

胡生道："你有如此孝心，当然令人尊敬。但棺木这么多，究竟是哪一棺呢？岁月已久，我也记不清了。若不通过官府批准，是不能轻易开棺查验的。"

于是，曹起凤在项、许、胡等人的引导下，投诉于酉阳的巡检官。巡检官不敢擅自做主，又呈报到知州白君之处。白知州也为曹起凤的真诚孝心所感动，批准了他的请求，并派里长带着衙役前去白杨树下，开棺查验。

众人到了白杨树下，把堆垒的众棺分别抬下来。拂去一些灰尘，但见那许多棺木上都署有死主的姓名，然这些姓名中并没有曹父之名，那就不须打开了。唯独有一棺没有署名，遂将这个棺木启开，却见棺中仅存一具骸骨。据说，是直系血亲，血会融入骸骨中。曹起凤当场即刺破自己的手指，将血液滴渍于棺中骸骨，但见那血滴很快没入骨中。这便验出棺中骸骨正是曹父所遗。而且在棺中又发现了一块牙牌，牙牌上有"蕉鹿"两个字，正如梦中所指示的，也正如胡生回忆时所讲的。曹起凤又想起了梦中老汉的话，恍然大悟道："是啊，月边古，便是胡也，胡即同乡人胡老伯呀；蕉中鹿，即指牙牌有'蕉鹿'二字。这还有什么可怀疑的呀！"说罢，曹起凤便趴到棺木上大哭起来。项、许、胡等人也觉得有理，确定此棺之骨骸是曹父的了。

在众人的劝慰下，曹起凤止住了哭泣，将棺木中父亲的骸骨小心翼翼地收捡起来并包裹好。然后，项、许二人代曹起凤在白杨树下摆设了祭祀之礼，祭拜土地神灵和众魂灵。祭奠完毕，然后以祭毕之酒肉劝曹孝子食之，项生说："先前你说不吃酒肉，是没有见到父亲的棺骨，现今已经见到，而且收拾完毕，又祭奠过了，可以食酒肉了。曹孝子，请吧。"许生接着说："当日我俩在土洞中遇到冻僵的你时，那天正是壬申之日，到今天已有六十天了，又是一个壬申之日，你梦中所见所闻，现在都应验了，这难道不是天意吗？"曹起凤听完项、许二人的话，当即感佩在心，这些日子以来，若不是他二人仗义相助我这个无亲无故的他乡人，我何能寻觅到父亲遗骸，于是双膝跪地，再三拜谢二人救助的大恩。项、许二人早为曹起凤的孝心所感，连忙扶起。曹起凤也跪谢了同乡胡生的指示之恩。随后，项、许二人又款待了两日，并都拿出钱来赠给曹孝子作返乡的盘缠。曹起凤遂拜谢二人，带着父亲的骸骨回乡了。

这回，曹起凤由长江水路坐船东下，道经湖南，到了洞庭湖口，谁知狂风大作两天，舟船不能前行。同船的人怀疑有不祥之物在船上，便要全船搜索。带着父亲的骸骨的曹起凤心中便不由得恐惧起来，当即暗暗地祷告洞庭湖君，看在自己一片孝心上，让狂风停息吧。说来也怪，在他暗中祷告不久，那狂风竟然渐渐平息了。于是舟船安然地过了洞庭湖口。此后，便一路顺风，平安地回到昆山家中。

到了家中，他母亲见到那刻有"蕉鹿"二字的牙牌，当即大哭道："啊呀！这正是我串锁匙的牌子啊，你父亲出门时，拿了其中一把锁匙和牌子离去的。"于是，曹起凤重新买棺，将父亲的骸骨隆重安葬在昆山城郊的朱提村，那块牙牌依旧放入棺中，陪伴着其父的魂灵一起安息。

孝子曹起凤为人耿直，谨慎取与，治理家庭很有法度，到老时依然康健，每月都要到父亲坟冢上，给墓边所植之树浇水，割藤除草，与其父之灵相伴许久才离去。乾隆四十九年（1784）十二月，曹起凤卒于家中，享年72岁，有子5人。

蜀地、昆山、徽州人中，都传说着曹孝子的故事。苏州长洲文士庄君学和在官雅州府知府时，闻知此事，便撰写了《曹孝子纪略》以流传。清人彭绍升也作了《曹孝子传》，收入其《二林居集》卷23中。

金节妇慈孝记

　　清代，在徽州府休宁县，有一位姓胡的女子出嫁了，嫁给一位姓名为金腾茂的男子。但在两人成亲生下的孩子刚满周岁时，年轻的金腾茂就一病亡故了，于是刚满25岁的胡姓新妇就成了一名金节妇。这时，她上有婆婆徐氏，下有幼儿金明诚，皆需要她来照顾。

　　这金腾茂在世时，只是一位贫寒之士，家无殷实之财；他这么早早一死，留下的家庭就更加贫困了。挑起家庭重担的金节妇胡氏，只有以纺织土布、帮他人缝纫衣衫来取得不多的钱财，然后买来米粟和肉菜，才使得一家生活基本如丈夫在时的水平。

　　然而祸不单行。年幼在怀的金明诚却早早地患上了风湿痹症，刚刚出牙，即已齿落；到了一般的孩子会走路的时节，他却不能够走路。随着时间的推移，小明诚的病越来越重，眼看就到了生命的尽头。这对刚失去丈夫不久的节妇胡氏来说，无疑是雪上加霜、灭顶之灾了。但她毫无办法，只有抱着年幼的小明诚不停地哭泣，只有向着那空蒙而虚幻的神灵祷告："苍天啊，神灵啊，这个孩子可是他金家留下的唯一的血脉啊！可不能让他死啊！要是非要一个人死不可的话，那我愿意以身代他而死，绝无遗憾。"或许一个节妇的诚心真能感动神灵，这天夜里，她竟然梦到有个神人来到她家，授给她一种神药，她即给小明诚服了下去。谁知到了第二天天明后，奇迹出现了，病得已到绝境的小明诚竟然从鬼门关前回来了，那些风湿病症竟然消失了，不到一年，他即成了一个强壮的孩子，比一般的孩子还要健康。这也许是逝于地下的金腾茂于冥中有所感应吧。

小明诚恢复了健康，该上学读书长知识了。但金家贫穷，不能延请师长前来讲授，也负担不起学费送他入学。节妇胡氏只有以自己在娘家所学的一点东西，亲自教儿子，同时将亡夫金腾茂留下的一些书籍，督促儿子识读，这样让小明诚走上了自学之路。不过，小明诚也去乡里塾学旁听一些学问。如此，金明诚依靠母亲的教养长大了，而且成为一位恂恂有士人品行的商人，受到人们的尊敬。同时，人们也称赞金节妇胡氏教养有方。

节妇胡氏在谆谆教养儿子的同时，也在殷勤地侍养着婆婆徐氏。随着岁月的流逝，婆婆徐氏渐渐老去，而且多病，以致后来只能坐卧在床褥中生活，不能下地。金家本是贫穷之家，哪能雇得起婢女或老妈子，因此日夜起居，全靠胡氏一人承担，从端茶送饭、洗脸擦身、按摩抓痒，到排解大小便等等，都是胡氏亲手为之。这样的日子，不是一天两天，也不是一月两月，而是竟走过漫长的10年。而胡氏还要操劳纺织缝纫，去换取生活必需品。可谓艰苦备至。然而坚忍不拔的胡氏毫无怨言，也毫无怠惰之色。当人们问她为何甘心如此吃苦时，她只有淡然地回答："我仅是尽了为人妇的责任而已。"

有一天，病入膏肓的婆婆徐氏，知道自己要走到生命的尽头了，就召唤儿媳胡氏到跟前来，与她诀别道："好媳妇啊，你殷勤地服侍我这么多年，我也没有可报答你的，只愿你也能得到一个好媳妇，将来像你精心侍奉我一样的精心侍奉你，我在九泉之下也就能得到安慰了。"话还没有说完，手还紧拉着胡氏的手，泪水从眼中潸潸流出，然后头一歪，气尽而逝。见婆婆如此逝世，节妇胡氏痛哭欲绝，就像当年丈夫金腾茂病故时一样。于是宗族乡党都为节妇胡氏的孝行所感叹。

　　经商后的金明诚依靠诚信和精明，使家境富裕起来。他娶了妻子，妻子也是一个贤惠的人，侍奉婆婆胡氏，果真也像当年胡氏侍奉婆婆徐氏一样孝顺和殷勤，所以当胡氏75岁时还强健如常，而且膝下有好几个孙儿孙女，子孙们也都遵循礼节法度，使金家成为一个和睦的家庭。因此在休宁县，人们都说，众妇女中可称为节孝者，当首推金节妇胡氏。

母慈子孝浴火记

　　故事发生在清代咸丰年间，那时，太平军和清政府军在徽州进行着拉锯式的战争，你来我往，你退我进，战火不断，纷争不止，虽说是互有伤亡，但受祸害最大的还是当地无辜的老百姓。

　　话说在古老的徽州黟县城东隅住着一位叫王康泰的人，表字阶平，3岁时父亲就亡故了，靠着母亲抚养长大。稍长大后，母亲就送他跟从一位名叫姚森的塾师读书，或许是小康泰对读书缺乏兴趣，所以还没有完成学业，他就离开了塾学，离开了老师。不读书，那干什么呢？对于徽州人来说，最常见的选择便是学生意经商。王康泰也作了这种选择，到了江西凰岗的一商家当学徒，做生意。学徒的生涯是枯燥乏味的，无非是端茶送水倒痰盂，上下门板睡柜台，吃在人后，干在人前。所以王康泰对学生意经商也不感兴趣了，相比之下，还是读书好，俗话说，书中自有黄金屋，书中自有颜如玉嘛。于是王康泰感谢了亲朋的推荐，辞别了学生意经商生涯，重新返归学塾读书求学。

　　吃一堑，长一智。人生的磨砺使王康泰更新了人生态度，从此在读书求学中刻苦起来，不分昼夜，努力攻读老师布置的学业，从而成绩大进，并被补入县学，成为一名秀才。他尤其是对书法颇感兴趣，悉心握笔操练，所以大小楷书、行书都很见功夫，在县学内小有名气。

母亲对儿子的变化和长进看在眼里，喜在心中，尽全力去抚养他，好让在九泉之下的丈夫放心。而端正了人生态度的王康泰对母亲也笃行孝心，极尽人子之道。说话间，岁月飞逝，母亲已到93岁的高龄，王康泰也成了年过半百的人了，因此他也更加以孝心来侍奉年事已高的母亲。

这一年是清咸丰五年（1855），正是春暖花开的时候，王康泰和90多岁的母亲，同所有的黟县人一样，正过着安宁平静的生活。没有料到意外发生了，一支太平军闯进了僻隅深山中的黟县县城。不知是因战败而逃窜，还是缺乏纪律和管理，这支太平军一路闯来，气势汹汹，杀人放火，大行恶事。闻此风声，王康泰也同多少黟县人一样，立即背着老母亲逃出了黟县县城，向更深的山区六都躲避而去。然而，他们逃避的脚步没有太平军闯进的脚步快，于是在半途中，母子俩就被太平军擒获了。

一个军中小头目面对被擒的王康泰母子，即用手中的刀指着他们说："好啊！我们太平军是天国所派的仁义之师，而你们徽州人、黟县人竟不敞开城门，夹道欢迎我们，走的走，逃的逃，把我们看作恶魔，这不是在支持一向骑在你们头上欺压你们的清狗子吗？"

听他这么一说，王康泰正要分辩几句，却又见那头目不由分说地吩咐手下道："来人，把这老太婆杀了！看她活了这么一大把年纪，也该活够了。"几个小兵听到命令，立即把王康泰的老母亲拉了出来，绑起了绳索。

王康泰一见，立即跪在那小头目面前，哭泣着求道："军爷，恳请你放了我的老母亲吧，她虽然年岁已老，但她身体还康健硬朗，还可以颐养天年啊！请你让我这做儿子的代老母亲去死吧！"

小头目见了，冷笑了一声，道："噢，看不出你还有这番孝心！

那好，把老太婆放了，就把这位要做孝子的拖去杀了！"

兵士们立即听从命令，放了王家老母亲，把王康泰绑了起来，然后举起闪亮的屠刀。

王家老母亲见了，立即连扑带爬地倒在小头目跟前，哭求道："官长，你说得对，我老太婆今年已是93岁的人了，活在这世上已经看尽了人间冷暖，万千气象，已是活够了，就请杀了我吧。我在这世上已是没有用处白吃饭的了，而我儿子，他是个秀才，还可以为这世上做些事情，你就放了他吧。"说着，紧紧地抱着行刑的兵士不放。

眼见这母子俩互求代死、互救对方的言行，这太平军的小头目也不禁从内心有所触动。他在心中不由得想道：我们太平军当年起义，也不就是为了让天下百姓能够过上太平安宁的日子吗？从南方一直打到北方，何曾滥杀过普通百姓？只是近些年，天京城内发生内讧，自家兄弟互相残杀，而凶狠的清军又要将我们太平军赶尽杀绝，才使我们这些军士们心狠手辣起来，处处滥杀无辜。这种作为，还是我们当年起义的初衷吗？这对母子，是何等可怜哪！想到此，小头目不禁擦了擦眼睛，向兵士挥挥手道："兵士们，看在他们母子如此慈孝的份上，就把他们放了！"

兵士们听到命令，立即释放了王康泰和他的母亲。母子俩立即叩首致谢，尽快地离开了这是非之地。

事情过后，说起这场遇难呈祥的遭遇，人们都以为是他们母慈子孝感化之功。

仁义之士许涧洲

明朝年间，在徽州府绩溪县华阳镇镇东的云川村，有一位仁义之士，姓许，名金，字廷，号涧洲，人称涧洲公。

他之所以能成为一名仁义之士，乃是他的祖上传有良好家风之果。先说他的祖父许杰，字良士，是一位饱读诗书，积学一身，但不肯当官求禄的守节隐士。可惜的是，许杰在生下儿子后，未能享尽天年便辞世而去，留下贤妻章氏守志，对上侍奉公婆极尽孝道，对下抚养幼子竭施慈爱，被当时的官府呈奏朝廷，旌表其门并恩赐建坊，以奖励章氏贞节之举。

再说他的父亲许本玉，在当地遇上灾荒之时，积极地捐输粮食，赈济灾荒，被官府授以冠带。此后，许本玉还多次修建道路桥梁，给乡党带来便利。正德年间，浙江有群匪寇侵扰徽州绩溪，作孽骚乱。徽州府和绩溪县的衙门委任许本玉担任守备之职。他不辜负所委，带领所组建的乡丁们昼夜巡逻，从而使匪寇不敢再入徽境，给府、县带来安宁。

许本玉40岁时才生下许涧洲，可谓中年得子，十分宝贵，而且许涧洲生下来就有异于一般孩子的禀性。还是在许涧洲周岁的时候，有一位僧人特地到许家造访，在仔细观察了小许涧洲一番后，即对许本玉说："这个孩子啊，据贫僧观察，相骨实属不凡，长大后，不是大贵，便是大富，耀祖光宗者，必是此儿！"突然造访的僧人说的这番话，许家听在耳里，记在心里，但也没有特别印在心中。

不过，待到许涧洲逐渐长大成人后，却颇显出器宇轩昂、气质端庄的模样来，而且做事慎重，待人接物宽宏大度，从不作锱铢计较。有与他家相邻耕种的，侵占了他家的田地，他并不与之争论，反而将田地割让给人家。有人借了他的钱，久拖不还，他也不主动去催讨。他的宽宏大度，得到当地许多人的尊敬和推重。在距云川村20里外有座万富山，山中蕴藏有许多可燃烧的黑色石头，当地人缺乏知识，都感到很惊讶，不知如何是好，便来央求许涧洲把此山买下来。许涧洲就出钱买了下来。原来这就是石煤矿，许涧洲就加以开发利用，也就因此而致富。

致富后的许涧洲更体现出宽宏大度来，乐善好施，凡是乡邻有需要行善仗义的事，他都尽力资助并全力董办。宗族中有因为贫困而不能婚嫁的，他都拿出钱来予以帮助；穿衣吃饭有不足的，他则拿出钱来予以周济；凡是没有丈夫的孀妇和失去父亲的孩子，他则加倍给以资助。不是本宗族的，他也一样对待。

当时，江苏省连年发生大旱，以致道路上可见饿死的人，真可谓民不聊生。恰好许涧洲经商来到这里，眼见得满目蒿莱，他心中非常伤痛。他见太湖边的洞庭山下有许多荒芜的滩涂，便向当地官府呈上报告，允许自己造田济众。在得到官府准许后，他就在那里投资开垦造田10顷，并取名为"义田"，让当地百姓耕种，不收一粒田租，因此救活了不少灾民。直至民国初年，那"义田"的名号，还在苏州、无锡一带传颂。

许涧洲所居村之东城郭，有田100余顷，由于经常苦于无水灌溉，一直很难丰收，尤其是到了干旱之年，那更是近乎颗粒无收。眼见这幅情状，许涧洲拿出万两银子，到山中采伐巨石，运来此地，开掘垒砌了5里长的水圳，从远处引来了灌溉之水，从而使这片难以保收的贫瘠之田，成为旱涝保收的良田，给当地农民带来了长久的丰收年成。

而在一个叫湖村的地方，这里是徽州与浙江的交通要衢，只因为村前有条大河，岸阔水深，给往来行人造成很多不便。在枯水时，人们还可以涉水而行；但到多雨季节，人们就只有望河兴叹了。许涧洲见状，又慷慨捐资建造了一座石桥，从而免去河水阻隔之苦。几百年过去了，到民国初年，人们还在享用许涧洲所制造的便利。像这样修桥铺路，寒冬施舍衣物等善义之事，对许涧洲来说，可谓举不胜举。县令陈公闻知他的许多义行善举，便授他以政治荣誉性的冠带，并多次邀请他担任乡饮大宾。但许涧洲对这些虚名不感兴趣，多次谢绝了县令的邀请。正因如此，人们更加推崇他的高义。

许涧洲最看重的还是乡村教育事业，尤其愿意培植贤士，他出资在村中建造了一座"涧洲书楼"，作为义塾，招收宗族、亲戚、乡邻的佳良子弟入学读书，对贫困者也一并招入。他还延请名师前来教学，承担他们的工资和众学子的膏火费。他对教育事业的热忱，感动了众学子，大家发愤读书，以求将来功成名就。事实上，涧洲书楼也确是涌现出了一些有成就的人才。如日后曾任少保之职的胡屏山、曾任内翰之职的殷鎛，都是涧洲书楼中培育出来的佼佼者。

如胡屏山，本是一个贫穷人家的孩子，童年时曾随父亲到许家去借钱。许涧洲见他头角峥嵘，举止端重，用些话来试问他，他都应对得体，且很警敏，比一般孩童有超异之处。所以许涧洲不仅慷慨贷款给他父亲，而且还赠送他一些有用的物品。后多次往来，许涧洲更加看重胡屏山；而胡屏山对许涧洲也有依依不舍之态。于是他父亲便将胡屏山带到许涧洲跟前，请许收他作义子，要胡屏山称许为义父。从而，许涧洲对胡屏山更是抚恤备至，既供应他穿衣饮食，还让他和自己的儿子一起读书，并经常周济胡家。不仅在生活上抚养他，而且在品德学问上给以教育，从而使他后来成才成名。人们都称赞许涧洲心中有一面知人的明镜。

再如后来官任宫廷内翰的殷鏐，在没有发达的时候，家境也很艰辛，但在学塾众学子中学习刻苦，成绩出类拔萃。许涧洲闻知他的才干后，在他学业期满后，就延请他作为自家的西席嘉宾，以教育自己的几个孩子。一天，殷鏐偶然间起了一点痴心妄想，以为许家这么富有，家中必定有丰厚的窖藏，于是到夜间，趁大家安睡以后，他竟然在自己的住房内撬开地板，掘地数尺，希望能够挖到窖藏的金银宝贝。然而挖了很久，毫无收获，便为自己的行为感到很惭愧。于是在草草收拾后，鸡叫头遍时，就悄悄地离开许家而去。天亮后，许涧洲发现殷鏐不辞而别，并见住房内的情状，当即骑着快马，携带100两银子追了上去。脚步总没有马步快，许涧洲追到了殷鏐，拿出银子赠送给他，并安慰道："据我对你一贯的看法，你这次作为，并不是你的品德不好，而是你因为家贫，顾虑自己无财力继续深造，顾虑今后难有发达的前途了。以我来看，你若是真有远大志向，何必把今天所做的一桩不妥的事情记挂在心呢？你果真要辞别我许家，也不要紧，这100两银子可以帮助你继续深造，请你收下吧。我觉得你的前程远大，我还把希望寄托在你身上哩！"殷鏐见许涧洲说得如此诚恳，不仅没有责备自己的不良之举，而且还追踪过来，赠送银两，鼓励自己继续上进，当即非常感动，叩首接过银子深深致谢。此后，殷鏐在这笔赠银的支持下，到徽州府学紫阳书院深造数年，后功业显著，以至官居内翰。

许涧洲对贤士就是如此宽厚善待。然而当胡、殷二人官居高位时，许涧洲依旧淡泊自如，并不因为他们的地位来向他人夸耀，也没有私下写信请他们为自己办事。他常常检点自己的言语和行为，怕伤害到别人。古人云："富而不骄者鲜。"然而许涧洲就是这很少的富而不骄的一个。

仁者寿。许涧洲活到82岁高龄才辞世而去。逝世后因儿子之贵，得赠奉政大夫候选通政司知事的衔号。他的发妻何氏，继妻冯氏、胡氏，也都是淑贤谨慎和睦，具有母仪风范的女子。去世后，他们一同安葬在霞水村东大坑。许涧洲生有四子，长子许时溥，为礼部儒士；次子许时泽，早夭；三子许时清，诰授奉政大夫；四子许时润，由太学生累官至广西都司断事。直至民国二年（1913），他的后裔许威还担任建平县商团团长。可谓仁风代代相传。

项天瑞义勇兼为

在歙县南乡深山之中，有一个以项姓为主的小溪村，历来多出仁义之士。清代的项天瑞就是其中的一个，

项天瑞，字友清。有一年，小溪一带遭遇灾荒，农业生产歉收，于是在缴纳税赋中便发生困难，没有完成县里下达的任务。项天瑞的父亲项昌祚是村里项姓的族长，便要承担完不成任务的责任，接受服苦役的惩罚。项天瑞这年才14岁，但他看到父亲虽仅年过半百，身体却难以承受繁重的苦役，便挺身而出，和哥哥项天祥一起，奔赴县中，以身代替父亲服役，使年老的父亲免去一番辛苦。小小年纪，便体现了他身上的一种可贵的舍己为人的勇气和精神。

后来，长大成人的项天瑞曾在浙江省淳安县经商，同在一处经商的歙县同乡中，有一位姓洪的身患重病，到了危险的境地。洪姓商人积攒有一笔钱财，而儿子还很年幼，显然难以将钱财交付给儿子。所以在临终前，他把同乡项天瑞叫到身边，把这笔钱财寄托给项天瑞保管。项天瑞接受了洪的托付，并且诚恳地办理了洪的安葬后事，也尽心尽意地保管着同乡托付的钱财。这件事是洪和项二人之间私下交托的事情，没有他人知道其中详情。项天瑞但凡有一点不好的念头，便会私昧了这笔钱财。但他是个讲信义的人。过了10余年，洪家儿子长

大了。项天瑞不仅将洪家所寄托的全部钱财如数交还给洪家儿子，而且加上了利息。洪家儿子见到这笔意外之财，很是吃惊，连忙表示不敢接受。

项天瑞坦然地对他说："这是你父亲遗留给你的钱财，这 10 多年来，我只是受他所托，代为保管而已。所以没有尽早地交还给你，是因为你年纪尚小，担心过早地交给你，会产生意外。如今你已长大成人了，就应当交还给你，去做一番事业，也好让你父亲在九泉之下安心。请不要推辞。"一番话在情在理，说得洪家儿子万分感激，接过了父亲的遗财，开始了新的步伐。

项天瑞在完成同乡故人的遗愿后，酌酒到洪氏的坟墓前，洒酒祭拜告别，然后坦然地回到家乡。

胡文相信义震京师

与上文所记叙的项天瑞同样讲信义的还有一个歙县人，他就是清代康熙年间在京师经商的胡文相。胡文相，字亮公，素来以信义与豪侠的品行闻名京师。其中一桩事情充分体现了他的这种闪光的风采。

那是在清康熙甲午年（1714），有一位也在京师经商的歙县同乡叫仇谅臣，不幸身患重病，要回归南方。他担心一路上携带钱财太多，会发生意外，便在临行前将一袋金钱寄放在胡文相处。但不久，仇谅臣就病故了。仇家人并不知道仇谅臣有金钱寄放在胡文相处的事情。而胡文相见仇家儿子年纪尚幼，担心若是突然把他父亲的金钱交给他，会给他带来不良后果，或是因为有金钱作依赖的资本，而不努力读书学习，损害智力的培养；或是肆意挥霍，助长他过错的发展，这对年幼的孩子的成长都是不利的。所以胡文相对仇家人也绝口不提这件事。不过，他每年都拿出钱来，作为薪水寄给仇家，一直寄了20余年。

20余年后，仇氏之子终于长大成人了。胡文相这才把仇子召了过来，原原本本地告诉他父亲寄存一袋金钱的事情，并且拿出当年他父亲原来的钱袋和亲笔写下的一封信，一一交还给他。仇氏之子及一家人都喜出望外，不胜感激胡文相这么多年不私昧钱财的品行，和20多年来对自家的照应。

胡文相的诚信守义的事迹，也一时间名震京师。

孝能养志佘善士

清代歙县岩寺镇人佘兆鼎，字宸凝，是一位天性醇厚的人，这从他少年时的品行就可以体现出来。那时，他正在求学之年，却侍奉父亲佘元曜到河南开封行商，从早到晚，表现得毫无阙失。这对一个10多岁的男孩子来说，是很不容易的。不能如意的是，那里一连数年发生战乱，搅得百姓很不安宁，也阻碍了他们父子返回家乡的行程，无奈何只有继续客居他乡。幸运的是，战乱结束之后，父子俩不仅保住了性命，而且佘兆鼎终于随着父亲一起返回了徽州故里。

这时，他的母亲和弟弟佘兆鼐却在家乡过着十分艰苦的生活，家中的瓶瓶罐罐都是空的，竟没有半点储存的粮食，可以说母子俩是吃了上顿没有下顿。见到这副惨状，还是未成年的大孩子佘兆鼎，心中十分不忍。于是他竭尽自己的能力去找事做，去赚钱，来供养父母和弟弟，以改变家庭拮据的生活状况。不过靠一个这么大的孩子去努力，那情形一定是很艰难的。但艰苦的岁月还是一天天地过去了。

弱冠成年后，佘兆鼎便随着他人去与徽州相邻的宣城经商。尽管他做事兢兢业业，勤快肯干，但因为他是帮佣他人做生意，所以一年下来也没有多大的收入。于是他省吃俭用，尽力积攒得多一些，以便在岁末回乡时，让父母能够见到他一副宽裕的状况，从而获得安慰和快乐。他每隔一年回家省亲一次，每次在父母身边侍奉，也不过一个来月。但在一个来月中，他都竭尽孝顺之心，凡是父母心中所需要的，都尽力予以满足，即使委屈自己，也要承受顺从，从早到晚像个小孩一样侍奉父母，因此父母都很快乐，连饭量也大为增加了。

佘兆鼎忠心耿耿地帮主人经商，勤俭节约地生活，殷勤备至地孝顺父母，这使他在社会上获得了很好的声誉，不仅在本县、府、省，而且连乡邻的江苏省都有所闻。所以在康熙己未年（1679），江苏省藩宪（主管一省财赋的长官）丁泰岩知道佘兆鼎为人诚信，可当大任，竟选拔他负责赈灾大事，将数万石赈灾的粮食交给他去灾区发放。受到如此重大的信任，佘兆鼎不敢有半点懈怠与马虎。这时，他的弟弟佘兆鼐也已长大成人，并显示出干练的才能。于是他把弟弟招来，同自己一起办理赈灾大事。兄弟俩协力同心，认真谨慎，采取了妥当的措施进行处置，不仅办事有效，而且节省开支，还公正无私，从而使大家心悦诚服。赈灾大事办得很好，按例当要给予他拜爵为官和奖金等奖励，江苏省衙门也这么做了。但是佘兆鼎却坚辞不受。藩宪丁泰岩问他道："佘君，你为何既不愿做官，又不接受奖金？"佘兆鼎回答说："这是自幼就受父亲教导的。"藩宪丁泰岩遂在佘家正门两旁立下木柱，上刻佘兆鼎赈灾事迹的铭文，以表彰他的孝义精神。

佘兆鼎从来不敢在先人灵前报告自己的贤良行为，生平为人处世，都是一副谦虚谨慎的态度，不仅孝顺父母，友爱兄弟，而且对亲戚、乡邻、同事、朋友等等，不分亲疏，都表现得恭敬忠诚，所以人们称他为"佛菩萨"。

康熙壬戌年（1682），徽州府知府林公要在岩寺镇中推举乡约的人选，并设立了"旌善""纪过"两本册子，分别记载被推选人的善行与过错。全岩寺镇人都合力推举佘兆鼎，在"旌善"册上写满了他的事迹，最后大书道："实行孝友，束愤其身，善人之称，遐迩啧啧。"这是对他很高的评价。徽州府司马刘公书写了"孝能养志"四字匾额以作表彰。歙县县令靳治荆则书写"一乡善士"予以旌表。

金华英孝悌兼备

金华英，字松望，是清代徽州府黟县钟山村人。自幼喜好读书，具有满腹经纶，而且有豪爽的气质，还喜好与人交往结谊，所交往的人也多是当世的名士。他也因此捐纳了一个布政司理问的职务。

金华英对父母极为孝顺。有一年，年过半百的父亲贩运一些物资到湖北省出售。由于他没有掌握市场行情、货物盈虚，结果资财耗尽，负债累累，便感觉无颜见江东父老，不肯返归故乡。金华英闻讯后，立即带着资金奔赴湖北，将父亲所欠的债务全部偿还，并劝慰父亲道："事情已经了结，请父亲大人放宽心怀。做生意失败，这在商场上是常有的事，也不只是你一个人，你不必耿耿在怀。现在还是回家乡休养一些日子，再考虑未来。况且，儿子我已经能够在世间立足，你和母亲也不须过度操劳了。"父亲听了他这番劝导，心中的愁烦也就烟消云散，在儿子的陪伴下回到了故乡。而金华英也从此担负起孝养父母的义务。

金华英对几个弟弟也很关爱，不仅满足他们物质上的需要，而且尽力地培养他们读书上进，使他们在良好的环境中成长。

金华英对朋友也是倾心相助。他有一个姓范的朋友。此人有个儿子既不善于经营商务，也不善于料理生活。范某对金华英的品德与才能都很了解，就把自己积攒的数十两银子托付给金华英，让他作为投资，经商获利。不久，这姓范的朋友便离世了。

数年之后，那范姓朋友的儿子，由于不善于经营料理财务，果然坐吃山空，家资耗尽，由一个较为富裕的人，成为家徒四壁、一无所有的穷人。金华英这些年虽然也经常周济他，但也只能是救急不救穷。这时候，金华英才觉得范家已经到了紧要关头，于是召唤范家子来到家中。

范家子畏畏缩缩地来到金家，以为这位父亲的朋友定会严厉地训斥自己。哪知金华英按照规矩礼仪把他接进厅堂，让他坐下，然后和颜悦色地对他说道："范家贤侄，今日召你前来舍下，不为别事，乃是见你目下已面临穷困之境，我只有把多年前令尊所谆谆托付向你讲明了。"

范家子听到金华英这番言语，自然是毕恭毕敬，道："金叔叔有何吩咐，请讲。"

金华英便继续言道："当年，令尊见你不善于经营商务、料理生活，担心你把家财耗尽，于是把他积攒下的数十两银子托付给我，代他经营生息，以备你不虞之需。"说着，他把范姓朋友托付的数十两银子，以及数年来由此产生的利润，共计千两银子，一并拿了出来，说："贤侄，令尊当年只交付给我数十两银子，经过几年的运作，现在连本带利已积至千两了，现全数交还给你，希望你好好经营，不要再坐吃山空了。"

范家子不由得大吃一惊，当即跪在金华英膝前，感激涕零地接过银子，并深深作揖道："多谢金叔叔大恩和教诲，愚侄我没齿难忘，定当切记在心，重新做人。"

此后，范家子以此千两银子为本，在金华英不时的指点下，不仅守住了家业，而且还逐渐发展起来。

金华英长得额头宽广，面腮丰润，并有许多须髯，竟有一尺二三寸之长。当时的人们见着他的相貌，听着他的话语，都肃然起敬。他活到67岁，安然逝世。

黄美渭轻财好义

黄美渭，字兴周，清代徽州府黟县黄村人，享有五品的职衔，在县内具有很高的威望。不过，黄美渭在当地的威望和名声，不仅是因为职衔所致，更是与他的轻财好义、助人利众有关联。

黄美渭素性好施与，乡居在家时，邻里之中钱物有匮乏的，求告于他，他则是有求必给，从不吝啬。当有人借了他的钱而无力偿还时，他便豪爽地焚毁借钱人的借券，放弃了债权。

他为何能够这样慷慨大方？除了个人的秉性因素外，还因为黄美渭在年幼的时候，他父亲就是一个盐业和典业兼营的富商。盐、典二业是徽商经营的主要行业，而且利润率也很高。徽州的盐商、典商几乎一个个都是腰缠万贯。黄美渭的父亲自然也不例外。颇为饶裕富有的家境，就为黄美渭的所作所为打下了丰厚的经济基础。

且举一个事例来作以说明。当时，黄美渭家有个姓汪的亲戚，借贷了很大的一笔公款去经商，央求黄美渭的父亲作经济担保。黄父不便驳亲戚的面子，而且按当时汪家的经济状况和经营能力来看，偿还贷款也不是太困难的，所以答应作了保。然而天有不测风云，人有旦夕祸福。正当汪家贷了公款，在商场大展身手的时候，遇上了匪寇作乱，经商之地一片战火纷飞，人们都陷入了战乱之中。于是汪家的商业经营遭到毁灭，汪家的生活也陷入贫困已极的境地。但欠债总是要还的，更何况还是一笔巨大的公款。不仅如此，连担保人也要连带承担责任。这时，黄美渭的父亲已经逝世，责任也就落在黄美渭的肩上。黄美渭考虑到，这也是关系到自己黄家在当世的信用声誉的大事。于是他和兄弟们一起协商合谋，凑足了一大笔款项，代汪家归还了所贷公款。这不仅救亲戚于绝境，而且使黄家的声誉又上了一个台阶。这件事，也确是使人们更加称赞他是一个轻财好义的善士。

"还珠里"的故事

在徽州府婺源县丹阳乡有个村子名叫"还珠里"。为何叫这个名称呢？说起来历还有一番故事。

相传很早以前，有个贩卖珍珠的商人，雇了挑夫，担着珍珠到了这里。当时，眼看天色已晚，遂只能在这个山村里找个旅店住下。或许是挑夫觉得商人给的报酬太少，便心生不满，商议着要到县衙控告珠宝商人偷税漏税之罪，让商人受到处罚，以解心头之恨。他们正在商议着如何去报官，却不知他们商议的话语已被珠宝商人暗中听到了，遂采取了对付的办法。

当珠宝商人和挑夫把珠宝挑进旅店住下后，那两个挑夫就借口离开了。珠宝商人立即把旅店店主拉进了内室，要同店主借一步说话。

他们进了旅店内室，珠宝商人即"扑通"一声跪下叩起头来，道："老板，请救救小商！"

这旅店店主是个慈眉善目的老人，见住店客商向自己叩求，连忙扶道："客官，何必如此？有何事情，请讲，老汉我定当相助。"

珠宝商人起身道："老板，你看见没有，那两个挑夫帮我把货物挑进店后，立即借口走了。"

旅店老翁说："不错，他们说是另有事情，就走了。这有什么不妥吗？"

珠宝商人道："你哪里知道，他们是要算计我。他们一路上的秘密商谈，已被我听到了，他们是要到县衙告我偷税漏税，好让我受到官府的处罚。所以请老板务必救救我，把这些货物藏到一个秘密之处。届时，官府搜不到货物，就没有办法处罚我了。"

旅店老翁听了珠宝商人这番话，很是同情，就答应了他的请求，把货物藏到了地窖里。

果然，那两个挑夫离开旅店，就直接跑到县衙，控告了珠宝商人偷税漏税的罪过。县官听了控告，即刻派衙役到了那个山村旅店中，见到珠宝商人，不容分说，就把他逮了起来，然后仔细地进行了搜查，竟没有搜到一粒珍珠。

衙役不敢怠慢，就把珠宝商人带到县衙，向县官禀告，商人带到，但没有搜到一粒珠宝。

县官讯问了一番，珠宝商人不承认自己有偷税漏税行为，而衙役们又没有找到证据，只有把他放了，遂判了两个挑夫妄言诬告之罪，给他们每人各打40大板，然后下牢关押一周的处罚。

珠宝商人被释放出了县衙，就向那山村旅店而去。但一路上，他又不免担心起来：啊呀，仓促之间，我将货物交给了那旅店老板秘密收藏，却没有留下任何可以佐证的物件，这可是空口无凭啊！况且我已经诉讼到县衙了，他若不肯归还我，我又有什么办法呢？可以说是没有丝毫办法。唉，也罢，没有受到处罚，已是万幸了，那货物我也不去索取了。考虑至此，他便径直向他处而去。

谁知，当珠宝商人走到一个叫五岭的地方，远远就看见，在一棵偌大的松树下坐了一个人，这个人不是别人，正是那个山村旅店老翁。

珠宝商人见了，心中不由得一惊："啊？是你！"

那旅店老翁从松树下站了起来，微笑着说道："客官，我老汉已携带你所寄存的货物，到此等候你多时了。现在原物归还给你，请你检验一下当时的封识和货物吧。我也算尽自己之责了。"

珠宝商人闻说，既有喜出望外之感，又有些歉疚之心，当即表示道："啊，老店主，十分感谢你对我的救助，又大老远地将货物送还给我。这实在是永久不忘之恩哪！"说着，他从货囊里拿出了一些珠宝，向老翁递了过去，道："这点东西，请老翁收下，权作感谢之意。"

旅店老翁连忙推辞道："客官，你不必酬谢。我若是贪财的话，就全部秘而不宣地占有了，你也无可奈何，是吧。还是请客官一路走好。"说完，告辞挺身而去。

珠宝商人望着他离去的背影，情不自禁地潸然泪下。

后来，当地人听说了这件事情，也纷纷称赞老翁的善义品德，并称这个山村为"还珠里"。

孝悌友爱毕周通

　　毕周通，字行泰，清代徽州府婺源县白石村人。他少年时以读书攻取科举功名为人生的目标，但后来因为家境贫困，不得不放弃先前的人生目标，转而走上经商之途。这是许多徽州人都曾走过的路。

　　其实，商人在那个时代虽居于士农工商之末，但收获的效益却并不在末位，很多人都因经商而致富。毕周通也通过经商为自己的生活道路夯实了丰厚的经济基础。他对父母十分孝顺，给他们以富裕的物质精神兼备的生活；对弟弟毕周道也十分友爱。这里具体地介绍他对弟弟友爱的事情。毕周道与他年纪相差不多，在人生的各方面都还美好，唯独在子嗣上颇为艰难，先后娶了4个妻子，才在近半百年纪时生下一子。毕周道自然视之如心肝宝贝。然而天不佑人，当这个老来子才3岁时，毕周道却一病不起，去了另一个世界，丢下了幼小的孩子。好在这孩子有个仁慈善良的伯父毕周通，像对亲生儿子一样抚育着他，给了他一个良好的成长环境。

　　毕周通不仅对亲侄子是如此的仁爱，而且对朋友遗留的孩子也是如此。在与白石村相邻的村子，他有一个姓王的老朋友。此人命运不济，重病缠身，久治无效，到了生命的尽头。人生自古谁无死，这姓王的朋友对自己走向末路已经看明，倒也不放在心上，唯一放心不下的是膝下一子王初喜尚在幼年，在失去父亲之后该如何度日啊！此时，他想起了白石村的老朋友毕周通，认为毕素来仗义，心地善良，遂把毕召到病榻前，有气无力地托付道："周通兄，你我交往多年，我知你是一个行善仗义的人。现如今，我已病入膏肓，在世的日子已经不多了。心中放不下的只有膝下一子，尚在年幼，望仁兄予以多多照应。因病久医，我也耗资不少，现在还存有60余两银子。我把它交付给你，以用作今后抚养幼子之资。"毕周通虽然安慰了朋友几句，但也觉得空洞的安慰，不如实际的行动，遂接受了老友的嘱托，承担起照应朋友幼子的责任。

毕周通带了故友托付的60余两银子回来后，就特地另立了一个账簿，并把那些银子投入到商场经营中。他在账簿上严格记清某月某日的收支情况，丝毫都不马虎。

在毕周通的照应下，王初喜一天天长大了。长大的王初喜果然没有维持生计的本领，唯有每日到山中砍柴卖柴度过，自然颇为艰难。毕周通眼看着王初喜已具备自立的能力了，遂选在某日，在家中置备了酒席，邀请王初喜和他的叔叔前来。

酒过三巡，毕周通拿出了王初喜的父亲托交的银子，和后来投入经营所得的利息，连本带利，已有数百两之多，还有那本专设的账簿，说："是时候了，也该对贤侄有个交代了。"

王初喜不解地问道："毕伯父，你一向对我照应有加，没有你长时期的照应，侄儿我哪有今天。"他的叔叔也附和道。

毕周通笑道："那也是受你父亲的托付，理该做的，不算什么。"然后，他指着拿出的银子和账簿说："王家贤侄，这里是令尊临终前交给我代为营运的银子，本钱是60多两，现今已增至数百两了。如今贤侄已经成年，可以自立了，遂当着你叔叔的面，把银子交给你。这是我专立的账簿，进进出出，都记的清清楚楚。况且，你靠每日砍柴卖柴，也不是长久之计。"说着，毕周通把银子和账簿交到王初喜的手中。

由于当年，王某是私下相托的，所以无他人知晓。王家叔侄闻此，是既惊讶，又喜悦。当即双双跪在毕周通跟前，叩首称谢道："如此大恩大德，叫我们如何相报？"

毕周通连忙扶起，说："这只是尽朋友之道而已，不足挂齿。"

当地的人们听说此事后，一个个都拍案称奇，称赞毕周通高尚善义的品德。

毕周通善义的事迹还不止这些。他对当地的公益事业也十分支持。如从他所在的白石村到县城，中间要经过一条泥土山岭，一遇到雨雪的天气，这条土岭便被踩踏成湿滑的泥淖，行路之人无不叫苦。毕周通即独力出资，召集工匠，采伐石料，铺砌在泥土岭上，使之成为不忌雨雪的坦途，总计花费130多两银子。其他还有捐资设义渡、抚恤穷困等等义事，可谓终身好行义事善举。

不过，毕周通也有不如意之处，他也是老年才得一子，而且当儿子才4岁时，他也病故了。不过好人有好报，他的儿子也在亲朋的抚养下健康成长，成了一名有声望的太学生。而且此后孙辈曾孙辈都一并旺盛。

仁义国学生汪源茂

清代徽州府婺源县大坂村人汪源茂，字学川，是一位国学生。他本读书业儒，以期走科举仕途。只因自己是家中的顶梁柱，管理家政事务，无法全副身心地去攻读，遂只得在家乡开一家商店，使家庭生活能够正常维持下去。

汪源茂身为儒生，遂以儒家的思想来经营商业，讲究诚信仁义，自然将商店经营得很是生气勃勃。于是就有一些人向他的商店投资以获利。有一年，有个朋友拿了数百两银子存放在汪源茂的商店以生利息，却不愿以自己之名存入，而是托以汪源茂的名义，这里自然有某种缘故。后来，这位朋友身患疾病突然去世，他留存在汪源茂店里的银子所产生的银息，迟迟无人领取。掌管财务的伙计不知道是朋友托以汪源茂之名存入的，就把这笔银息交给了汪源茂。汪源茂是知道其中缘故的，自然不愿接受这笔银息。他就把朋友的儿子招来，将他父亲寄存的银子和银息全部交还给他。那朋友的儿子也从来没有听父亲说过这件事，所以十分感谢汪源茂诚信为本、不昧人财的高尚品德。

汪源茂有个堂弟，在商业经营中拖欠了人家一笔重债，如若完全归还，那么就要倾家荡产了，于是陷入了十分严重的经济困境。汪源茂得知这一情况后，立即向堂弟伸出援助之手，慷慨解囊，拿出分量不少的钱来，代替堂弟归还了重债，把堂弟一家从艰难的经济困境中挽救出来。

汪源茂的诚信仁义，使他在家乡一带享有崇高的声望。在居住乡里的40多年中，乡党亲邻中凡是遇到因是非曲直而产生争讼的事情，都请他前来判断解决。而他也都在充分地调查研究、了解事实之后，从法度、道德、事理等种种角度，公正而分明地予以调解处理，使当事者双方心服口服，从而消除了不少隐患，给社会人居环境带来了安宁与和谐。所以人们都十分尊敬他，给予崇高的礼仪。

徽商拾金不昧

徽商经营讲究商业道德、体现仁心济世是多方面的，拾金不昧是表现之一。故事传说流传得很多，许多府志、县志的"义行"目中都有所记载，现选择数例供读者一阅。

鲍士臣的故事

歙县棠樾人鲍士臣，虽说后来甚为豪富，但童年时代是很贫苦的，5岁时失去了母亲，刚成年时父亲又逝世了，剩下他孤独一人，贫穷而又无所依靠。当然，有志者是不会被困境所难倒的，鲍士臣毅然走出家门，闯出大山，徒步去鄱阳湖边的江西鄱阳寻找生活的出路。然而，当他行走到半途之中的一家旅店时，从家中带出来的微薄的资用已经乏绝。无奈之际，鲍士臣便来到旅店老板跟前央告道："老板，我是来自徽州，出外寻找活路的，经乡人推荐去鄱阳，谁知到这里，我已是盘缠用尽了。我有力气，也很勤快，请老板让我给店里打杂、干活，暂时过一段时间，好吗？"那位老板也是一个朴实真诚的人，对他仔细打量一番，见他一副诚实的神态，便和蔼地说道："好吧，你就暂时干一段时间看看。"鲍士臣见老板答应了，非常高兴，叩首谢道："谢谢老板！"从此他便在旅店里干了起来，也的确以勤快卖力而得到老板的欣赏。

不久后的一天，有个客人黄昏时到这家旅店里投宿，第二天清晨就急急忙忙地走了。勤快的鲍士臣一向起得很早，而且拿起扫把就在旅店里打扫起来。当他打扫到一间客房门口时，见到一个鼓囊囊的包袱丢在门边，便捡起来打开一看，原来是个钱囊，里面有不少钱财。

鲍士臣当下想到，这肯定是一早离开的住店客人遗落的。自己虽然贫穷，但应穷得有志，不能私昧下来。想到此，他立即将包袱重新包好，拿到老板住房处，交给老板道："老板，这是我刚才扫地时，在一间客房门口捡到的，请老板等候失主前来认领吧。"心地也很挚诚的旅店老板微笑着接过鲍士臣递过来的包袱，道："好吧。你真是一个实诚的人，我没有看错你。"鲍士臣面有羞涩地说："这是我应当做的。"

当日下午，那位丢失包袱的旅客就仓皇地回到旅店里，一边走，一边寻找着，又到了自己曾住过的客房前。旅店老板见了，便问："客官，你在寻找什么？"那旅客急忙说道："老板，今早我走得太匆忙，把一个装钱的包袱丢了，你是否看见？"老板道："包袱倒有一个，但请问你那包袱是什么颜色和花纹，内有多少钱？"那旅客便讲清了自己包袱的情况与失钱的数目，道："还望老板可怜，归还我吧，那可是救命钱啊！"老板见他说的符合，便笑道："不要着急，你的包袱在这里，钱财一文不少，你拿去看看吧，不会要你的。"那旅客接过包袱，匆匆一看，就十分感激地说道："谢谢老板！万分感谢！"老板笑道："不要谢我。包袱是那位徽州人鲍士臣捡到的，要谢，你去谢谢他吧。"说着，老板把鲍士臣招呼了过来。此时，鲍士臣正在后边舂米，听到老板呼喊，便走了过来，身上还沾着粉尘。

钱财失而复得的旅客一见，立即上前，紧紧拉着鲍士臣的手，非常感激地说："谢谢老弟，你这是救了我一命啊！"鲍士臣连忙说："这没什么，别人也会这么做的。"那旅客从包袱里拿出一锭银子道："来，这锭银子不多，就表示我一点谢意吧。"鲍士臣连忙推辞道："不，不！我不能要！拾金不昧乃是做人的本分，无须感谢。"因他再三推辞，那旅客再三拜谢而走。

从此，旅店老板更加看重鲍士臣，并一再宣扬他的事迹。因而与鲍士臣结交往来的朋友越来越多，不少人借给他钱去经商。真是善有善报，鲍士臣便因此渐渐富裕起来。

宋应祥父子的故事

歙县上丰人宋应祥父子也有一个拾金不昧的故事。那是明代万历年间，宋应祥和儿子宋承恩行商于陕西省三原县，住进一家旅店里。同一天，也有两个行商和他们住在同一家旅店。第二天一早，那两位行商就匆匆地走了。宋承恩人虽年轻，却为人勤快，也早早地起来，并且帮助旅店洒扫庭除。忽然，他在一个走道边看见一个包袱，捡起来觉得很是沉重。他打开一看，竟是250两银子，还有一封写着苏州米行主人姓号的信。

宋承恩立即把包袱带到父亲跟前，说："爹，这是我刚才捡到的。"宋应祥连忙问道："里面是什么东西？"宋承恩告道："是250两银子，还有一封苏州米行的信。"宋应祥接过一看，果然，便说："我们今天也要离开这里，这怎么办？"宋承恩道："爹，我们就再住一天，等人家来认领吧。失主肯定还要来寻找的。"宋应祥也是一个有德的人，稍微思索了一下，就说道："好吧，我们在这里等候一天。"

第二天上午，果然就见那两位行商相互哭拥着，踉踉跄跄而来。他们在自己曾住过的客房内东寻西找一遍，又找了其他地方，却寻觅不得。其中年纪大的一位着急道："这叫我如何是好？我们不如投江一死了之吧。"正在客房中等候失主的宋应祥父子闻声出来，连忙挽住就要外出的那两位客商。宋应祥道："你们不要着急，请问二位尊姓大名？"其中年轻的一位回道："老爹，我们是兄弟两个，他是我哥哥，叫许邦伟，我叫许邦佐。我们是苏州米行外出采购的伙计，昨天一早从这家旅店走得匆忙，将携带的银子包袱丢失了，这可是我们老板的钱啊！"宋应祥笑道："你别急，慢慢讲来，丢失了多少银子？还有什么？"哥哥许邦伟说："银子是250两，另外还有一封信。"宋应祥道："不错，你们昨天一大早走后不久，我儿子承恩帮助店里打扫，捡到了一个包袱，里面的钱财和信件正如你们所说。我们本来昨天也是要走的，为了等候你们，就多住了一天。如今，既然你们寻来了，那么我们把包袱拿到大街上，当场验明，就归还给你们兄弟。"说着，宋应祥父子拿出包袱，同许家兄弟一起来到旅店门口。宋应祥招呼着街上一些人，把捡拾包袱的情况和许家兄弟丢失钱财的事叙述了一番，请大家验明后，将包袱交还给许家兄弟。许家兄弟接过包袱，非常感谢，哥哥许邦伟说："既是你们捡到的，我们愿意分一些银子给你们，以表谢意。"宋应祥道："这怎么可以！我们要是贪你们的银子，昨天就要悄悄溜走了。这是我们应该做的，不足挂齿。"宋氏父子这种拾金不昧的品行，当即就受到在场大众的赞扬。

好人好事人人传，此事后来传到了歙县县令的耳朵里，觉得这是很了不起的一件事，遂提笔书写了"奕世德音"四字，和"世德作求门第，还金拒报人家"一副对联，制成匾额，敲锣打鼓地送到上丰，悬挂在宋家门前，以作为表彰。民国《歙县志》也在"义行"目中记载了这件事情，从而流芳百世。

方三应的故事

歙县岩寺人方三应拾金不昧的故事更为生动。方三应曾在辽宁省建昌县经商，有一年在回乡途中的一个旅舍里，捡到了他人遗落的数百两银子，便留在那里等待失主来认领，谁知等了一天又一天，竟一直等了一个多月，也没有人来认领。终因久久不见失主，方三应自己的生意也耽误不起，便将那捡到的银子携带回乡。但是他并没有据为己有，而是每次外出都携带在身，以备随时寻归失主，然而，一连数年也不见失主。

谁知"踏破铁鞋无觅处"，巧遇全不费工夫。那是数年后，方三应经商来到江西抚州，在一只渡船上，看见许多人在奚落一个穿着寒碜不洁的鸡贩子。有的说："这么臭，离得远一点！"有的说："出门做生意，也该穿得整洁一些，如此破破烂烂，成何体统？"有的干脆说："像个叫花子模样，干脆要饭去，贩什么鸡？"可那鸡贩子却说："你们不要耻笑我，我也曾是有钱人，只因某年某月某日，我在辽宁的建昌丢失了数百两银子，才落到如此地步。"

真是无巧不成书，也可以说是说者无意，听者有心。当时方三应听了鸡贩子这么一说，当即询问道："请问老兄在何年何月何日，在何处丢失多少银钱？"那鸡贩子见有人问他，便道："莫非客官知道此事?"接着,他便把所问一一回答。方三应见他所说属实,便从自己所携带的行李包中,拿出那包携带多年的银子,如数交给了那鸡贩子,然后说:"老兄啊,我捡到这些银子后,在那里等候失主一个多月,无奈之下只好带回了家,后来这么多年每次外出行商,都在尽力寻找失主,但总是寻找不遇。今天真是太巧了,终于找到你了。"那鸡贩子失银多年而复得,自然非常感谢,当即跪拜在方三应的面前,叩首问道:"客官真是大恩大德,使我失银多年而复得,我实在是感谢你,请问客官叫什么名字,我以后好报答仁兄。"方三应道:"拾金不昧乃是我应该做的,你不必记挂在心。"同乘渡船的人也为这件巧事而感到又奇又喜,也纷纷要方三应说出名字。方三应乃是一个正人君子,岂是为了"名利"二字?当下坚持不告诉名字。正好这时渡船到了码头,方三应便出了渡船上岸走了。此时有一个人认得方三应,便对鸡贩子说:"此人我认得,乃是徽州商人方三应也,那是一个好人。"那鸡贩子望着方三应远去的背影,不由得潸然泪下。

又过了数年,方三应的儿子方宏担任了江西省宜黄县县令。有一次,他下乡视察民情,却逢下雨,便带着随身一仆到一家民舍里避雨。他抬眼一看,却见这家堂前供奉着一个灵位,细看之,却是"恩公方三应"的字样,遂感到十分惊奇:这不是自己父亲的名字吗?怎么会在异乡民舍里出现?这时一个老汉来到堂前,知是父母官到来,立即热情接待。方宏忙制止道:"老人家,不必客气,我只是暂避一时。"说着,他指着灵位问了起来。那老汉便将自己失银复得的事情讲了一遍,最后说:"小民自从蒙这位恩公归还失银,才能有今日的家业。我岂能不日日供奉?但愿他长命百岁,万事吉祥。"方宏不禁为父亲的事迹所感动,但他没有对老汉讲明自己是方三应的儿子,只是深表赞同。不过,他从此居官格外清正廉明,在当地颇享赞誉。

王一标的故事

　　歙县王村人王一标，为人勤劳谨慎，好善尚义，少年时因为家贫，遂做一点贩买贩卖的小生意。后来，王一标觉得小买卖难以致富，便带着一些本钱，来到繁昌县（今芜湖市繁昌区）长江边的荻港镇，开了一家店铺，并竭力进行经营，终使家境稍微富裕起来。王一标经济情况稍有好转，便慷慨捐资增修了宗祠、社宇，购置了宗祠祭祀的义田。邻里中有不平的事情发生，他也都出面去调解，由于他平日里为人正直公正，所以一言既出，人们都予以信服。

　　在王一标身上，也发生过一件拾金不昧的故事。有一次，王一标因商务外出，在半道上一个凉亭里歇息时，捡到了一个包袱，提在手上沉甸甸的，便想道：这肯定是谁遗落的银两。他打开一看，果然是银子，足足有100两。他又想道：这银两对于遗落者来说，肯定是很重要的，或是经商的本钱，或是用于还债的，或是用于购买重要物品的。我不妨把自己的事暂且放一放，坐到这亭子里等待失主吧。想到此，王一标便继续在亭子里坐了下来。谁知一直等到日暮时分，才见一个青年人慌慌张张，东寻西找地走过来，满脸露出焦急的神色。只见他走进亭子里依旧在东寻西觅。

　　王一标起身问道："这位年轻人，是在寻找什么吗？"那青年人便立即停住寻觅的目光，见是一位中年人和蔼地问话，连忙回答："这位大叔，早上我从这里经过时，不小心把东家叫我采买的银子丢掉了，也不知丢在何处，一路寻来，都寻遍了，也不见踪影。不知大叔你可曾看见？"王一标继续问道："但不知你丢了多少银子？用什么包裹的？"青年人道："丢了100两银子，是用一个浅灰色包袱包裹的。"王一标笑道："如此说来，我这里捡到的这个包袱，就是你丢的了。"说完，从自己的大口袋里拿出了捡到的那个包袱，交给了青年人，道："你检查看看，是不是这个，银子少了没有？"青年人高兴地接过包袱，道："正是这个。"随即打开包袱，稍一检点，便道："不少！不少！谢谢大叔。"说着，就从包袱中拿出20两银子，对王一标道："大叔，这20两银子就作为谢银吧，望请收下。"王一标严辞拒绝道："年轻人，我要是个贪图钱财的，何必坐了大半天等候在此呢？你拿去吧，况且是你东家的钱。"说完，出亭而去。那青年人再次叩首道："大叔真是个好人，谢谢，谢谢!"

仁善的人有福。王一标80岁了，许多亲朋好友都要来为他庆寿。然而他都一一谢绝了。他不仅不收寿礼，反而在这一天在家设立赈米局，凡是乞丐每人给一升米，来庆贺自己80岁寿诞。歙县县令对王一标的善义之举甚为赞扬，给他题书了"祁山硕望"四字匾额，并延请他为乡饮礼宾。

许孟葵的故事

许孟葵，绩溪县十五都人，也是一位富有善义之心的商人。每逢歉收年岁，他都要捐资购买粮食，然后减价出售给贫苦的人。许孟葵在外经商时，有一位朋友向他借了不少钱，后来没有办法偿还，便打算卖掉自己的老婆，得钱前来还债。许孟葵知道这件事后，立即说："我难道爱钱爱到这个地步，要使有家室的人受离散之苦吗？"说完，他就把那位朋友所立下的借券全部还给了那位朋友，将他所欠的债务一笔勾销了。

有一年，歙县人郑九韶带着全家人到许孟葵家避难，为防泄漏，便把一些暂时不用的金子埋在许家园子里。后来避难已过，郑九韶便带着家人回歙县了，埋金子的事或许也忘记了。有一天，许孟葵在自家园子里锄草，意外地挖出了那些金子。他知道这些金子肯定是郑家埋下的，因为自家没有埋藏金子，而这个园子只有郑家住过。于是他立即写信给歙县人郑九韶，请他到自家来一次，有要事相商。郑九韶与许孟葵是推心置腹的朋友，有信来召，必有事情，于是欣然而来。郑九韶到了许家，许孟葵拿出那些金子，道："郑兄，这是你的金子，埋在我家园子里，你大概忘记了吧。"郑九韶一看，拍了一下自己的脑门道："不错，正是那年埋藏在这里的，你看我自己却忘记了。"许孟葵说："快拿回去吧！时间长了，再埋在这里，就难保不丢失了。"郑九韶紧紧地拉住许孟葵的手说："谢谢你！你真是我的好兄弟啊！"

吴道暹的故事

　　吴道暹，字达先，休宁县和村人。因家境贫困，不得不外出奔走，谋衣寻食。经商便是他谋衣寻食的主要途径。

　　有一天，吴道暹行商于浙江省某地，在上厕所时，见那厕所边上有一个不知被谁遗落的包裹，鼓鼓囊囊的。吴道暹自然好奇，捡起来，还很沉，打开一看，全是白花花的银子，足足有300两。这对一向贫困的他来说，是从来没有见过的。这难道是天上掉下了美味的馅饼吗？不过，吴道暹只是略做思考了一下，心里便道：我固然贫穷，但做人穷要穷得有志气，不能贪不义之财。更何况身上带这么多银子外出的，肯定有紧要的事情要办，当他发现银子丢了之后，定然十分着急，要是寻觅不得，很可能会出人命，我不仅不能昧下这意外之财，而且要坐此等候失主来认领才好。想到此，吴道暹便守候在那厕所边。

　　时间在一分一秒地前进着，等待人的时间似乎过得特别慢。吴道暹内心也很焦躁，自己也不是闲人啊，还在为生计奔波呢！但一想到失主的焦躁要超过自己万分，他便又安下心来。吴道暹足足等候了好几个时辰，才听到有人哭哭啼啼地走来。原来是一个20来岁的小青年，只见他一边走，一边四下寻觅，还一边哭泣着。吴道暹不由得更生同情，忙问道："小伙子，你哭什么？又寻找什么？"

那个小青年见有人问话，便止住了脚步和哭泣之声，问道："这位客官，我倒霉透顶了，早晨出来时，带了些钱，不知道丢到什么地方去了，那可是我老父亲的救命钱哪！"

吴道遄连忙劝慰道："不要着急，我倒是在这厕所边捡到一个包裹，里面有钱，但不知你丢了多少钱？"

那小青年听到眼前的人说捡到了钱，忙说："300两银子，是一个蓝色的包裹。"

吴道遄见他说的很对，便从身后把那包裹拿了出来，说道："你看看，是这个吗？"

小青年接过一看，忙说："是这个，是这个。谢谢！"

吴道遄又道："你把银子点点看，错不错？"

小青年细细一点，忙说："不错，你真是个好人！"

吴道遄又问道："你刚才说是你父亲的救命钱，那是怎么回事，可否对我说说。"

小青年道："家父被一个盗贼诬陷，现被羁押在县衙中，急需要300两银子才可昭雪，所以说，这是他的救命钱。这肯定是我早晨在此出恭时，急急忙忙而丢失的。由于我当时所带东西太多，没有好好点检，等我急忙赶到县衙时，才知装钱的包裹丢失了。"

吴道遄关切道："那你快拿着银子去救你的父亲吧。"

小青年道："银子是你捡到的，就分你一半作为答谢吧。"说着，就要从包裹中拿出银子。

吴道遄连忙制止道："我岂能要你救父亲的银子！"

小青年又道："那起码要感谢你50两，以报你的恩德。"

吴道遄恼怒了："你这小家伙，我岂是贪财的人？我要贪你这银子，早就拿走了。不要再啰嗦，快去救你父亲吧。"

小青年又流下了泪水，说道："如此大恩，我不能忘记，请你把你的姓名告诉我，我日后再作报答。"

　　吴道暹没有再回答小青年的话，转身便离开了。他也没有把拾金不昧的事告诉他人。

　　小青年觉得不能将此事湮没，遂请人将事写出，张贴于街头，告示大众，人们才知道吴道暹拾金不昧之事。翰林院编修徽州人汪士锽也为吴道暹的事迹所感动，为他撰写了传记。

郑南珍的故事

郑南珍，字柯珊，歙县长龄桥人，后来迁居歙县岩寺镇。郑南珍弱冠之年，在看望于江苏润州（今镇江）经商的父亲后回家乡，前往拜谒祖墓，途中看见一个布制的袋子丢弃在路道上，打开后见有珍珠和金器首饰若干件，价值达数百金。郑南珍把它带回家中，禀报给守节在家的祖母胡氏。

胡氏看了一下，郑重地说："孙儿啊，如此重资用布袋装着，这个人必定有紧急的事情，是想拿到当铺里去典当一些钱来救急的，如果丢失了，性命很可能不保。我们可要寻找到失主，归还给他啊！"说完，即命家人将那布袋放到内室中，且把门关好锁住，不要在自己家里丢失了；同时对郑南珍嘱咐道："孙儿啊，你要暗中去访查一下，看看失主究竟是谁，可不要大声张扬，以防止存心不良的人冒认。"

郑南珍奉了祖母之命，即暗暗查访。到了黄昏的时候，终于查清布袋是同里的汪某所丢失的，便把他带到自己家中，询问他丢失了什么物件、有多少件等等。汪某回答的全部符合，于是当即归还给他。

汪某失物复得，非常感谢郑家祖孙，除当面致谢外，还和里中乡邻们一起上报县衙请县令予以奖励这样的高尚行为。郑南珍却奉祖母之命，推辞道："这些失去的物件本是人家的，应当归还人家；本不是我的东西，我归还了，这很平常，有何值得奖励的？"遂坚决推辞奖励。

后来，郑南珍以商籍进入杭州府学读书，是一位很有名声的秀才。可惜，年纪轻轻就去世了，人们都非常惋惜而悼念他。

汪应鹤的故事

歙县人汪应鹤，字仲甫，在芜湖经商。清康熙二十三年（1684），汪应鹤行商至泾县，在一个路边上厕所时，捡到一个包裹，打开一看，竟然有450两银子。他四边看看，没有什么人，心中想道："这是个什么人，如此粗心，这么多银子竟然丢了。"顿时，他又感到自己带有包袱，再加上这个包裹，不方便停在这里。于是，他把银子带回了自己的寓所，然后独身一人再来到那个捡拾银子的地方，等待失主。

等了许多时候，汪应鹤才看见一个中年人仓皇寻觅而来，那脸上满是愁容，而且经泪水染过，一副痛不欲生的模样。

汪应鹤见了，立即问道："客官，你在寻找什么？为何这般模样？"

那中年人道："老兄，你哪里知道，今天我倒霉透了，一早带着银子去进货，谁知竟然丢了，还不知道丢在何处。我曾在这里出过恭，或许就丢在这里，所以来看看。这么多银子，乃是老板的，我怎么赔得起啊！"

汪应鹤笑道："客官莫要着急，我倒是捡到一个钱囊。不知你丢的是多少银子？"

那中年人很激动地说："你捡到了？那太好了！我丢的是450两银子。"

汪应鹤见他说的很对，便说："不错，你且随我去拿。"说完，把他带到自己的寓所，拿出了捡到的包裹，递给那中年人，说："你自己再看看，是不是这些？"

那中年人接过包裹，打开一看，立即说："不错，就是的。太谢谢你了！这样吧，你且留下50两，作为对你的酬谢。"

汪应鹤连忙推辞道："你想错了。我若是接受这酬谢的银子，就不去捡钱的地方等你了；我既然等候你到来，就不会接受你的酬谢。客官快带去进货吧，不过以后要小心了。"

那中年人非常感动，对着汪应鹤又叩首又作揖，千恩万谢地告辞而去。

诸位读者，当你们看到上述这些徽商拾金不昧的故事，是否也很感动呢？

第九辑

歙砚与名人

关于歙砚，历史上有许多逸闻轶事，给歙砚的发展和流传，增添了不少趣味与内涵。

李白访歙遇歙砚

　　传说唐代大诗人李白南下来歙县寻访隐仙许宣平，当面相见不相识，似有些怅然若失，但歙县山川秀丽又使他心情稍有好转。尤其是在兴唐寺前，他见一老者卖砚，心情顿然大好。但见那些歙砚，质地甚佳，色如碧云，纹理清晰，滋润妍丽，抚之光洁细腻，若婴儿肤也。遂购一方在手，慨然赞曰："宝砚也！宝砚也！"即挥毫写下"砚国明珠"四字赠老者。晚间，放舟练江，纵情饮酒，遂诗兴大发，洒墨成诗曰："天台国清寺，天下称四绝。我来兴唐游，于中更无别。桦木划断云，高峰顶积雪。槛外一条溪，几回流岁月？"后，他乘舟到了新安江，又放歌吟道："清溪清我心，水色异诸水。借问新安江，见底何如此？人行明镜中，鸟度屏风里。向晚猩猩啼，空悲远游子。"李白砚乡之行，为歙县留下不少胜迹，如"太白楼""太白问津处""望仙桥""碎月滩"等，为历史文化名城增添光彩。

汪富翁奇遇北斗七星砚

　　宋人何选《春渚纪闻》载，歙县有一个汪姓富翁，一天傍晚突遭山洪暴发，他便移居到山上一个砚工房内。暗夜中，他突然见床下发出异光，遂下床视之。发光的乃是一个垫床脚石，他感到很奇异，便从床脚取出，以另外一块石头继续垫着。然后他将此奇石请人刻制成砚，这砚上竟内含有金星七颗，布列如北斗星宿，还有辅星在侧，遂取名为"斗星砚"。此后，汪姓富翁家业益旺，便认为斗星砚是发家之物，即视为镇家之宝。北宋末年，因方腊义军到了歙县，这奇砚便亡失了。此为史册所载首方北斗七星歙砚。

唐伯虎、祝枝山得歙砚

　　唐寅，字伯虎，号六如居士，与祝枝山、文征明、徐祯卿为知交，人称"江南四大才子"。传说1500年，他和祝枝山结伴自新安江入歙城。在歙城西即被山水风景所迷醉，遂留宿五明寺磨墨卖画。买画者甚多，然其所携砚老不发墨，让唐、祝二人急得冒汗。一位着青衣布衫的人见之，问曰："先生所用何砚？"唐伯虎回答后青衣布衫者曰："难怪，此非名砚也。吾歙砚看见过吗？"语罢，返身于寺中取歙砚二方，一曰"神龙神虎砚"，一曰"麒麟金星砚"，且说这是他自己所制，请唐、祝二人试用。唐、祝望此二砚细腻，抚摸平滑，即用之，果然发墨如油，当即挥毫书之。唐伯虎书曰"宝砚"，祝枝山书曰"歙砚甲天下"，各落款"唐寅""祝允明"。青衣布衫者跪曰："恕某眼拙，原来是江南两才子啊，受小可一拜。"唐、祝二人急忙扶起，曰："不敢，乃君之宝砚，才使生辉也。敢问尊姓大名？"青衣布衫者曰："某汪肇，喜书法篆刻也。"三人遂结为至交。后，唐伯虎在游黄山、白岳（齐云山）时，用"神龙神虎砚"写了许多诗、作了许多画。祝枝山则去歙县西溪南拜见舅父，用"麒麟金星砚"作了《溪南八景诗》。

董其昌题书许国石坊

　　明代书画家、鉴赏家董其昌，字玄宰，号思白、香光居士，松江华亭（今上海松江）人。年轻未得志时，曾教书于歙县江村等地。长其28岁的歙县人许国，很看重其才华，赠之"金星眉纹砚"。董其昌刻苦学习，练就一手貌丰骨劲的书法。为感激许国之恩，在万历十二年（1584）许国建造八脚牌坊时，亲手题书。后终于万历十七年（1589）得中进士。董其昌对歙县感情很深，中进士后仍常来歙县，曾为歙地著名收藏家吴廷、吴桢鉴定历代书法碑帖，后刻成颇负盛名的《余清斋帖》和《清鉴堂帖》，且为之题签。现今此两套名帖陈列于歙县新安碑园的长廊壁龛中，得到万千游众的欣赏。

乾隆皇帝砚乡行

　　清高宗乾隆皇帝一生爱砚如痴，藏砚如醉，题砚成癖，所编《西清砚谱》载诸种砚240方，其中有歙砚6方。乾隆皇帝六下江南，多次由徽州盐商接驾。其中一次接驾者为歙县棠樾大盐商、身任两淮盐运使之职的鲍漱芳。传说乾隆皇帝请鲍漱芳陪自己到徽州一走，以搜集文房四宝。二人遂扮成客商而来。鲍漱芳首先带乾隆皇帝来到自己的家乡棠樾村，看了朝廷先前赐建的忠、孝、节字牌坊，话语间流露出欲建义字坊之意。乾隆皇帝心领神会，准其请求。但同时也向鲍漱芳提出捐款修河堤、助军饷之事，以表乐善好施。君臣两下成交。鲍漱芳献以家藏的九龙戏珠歙砚一方及徽墨、澄心堂纸、汪伯立笔。乾隆皇帝题歙砚以"国宝"，题徽墨为"黄金易得，李墨难求"，题澄心堂纸为"肤卵如膜，坚洁如玉，细薄光润，冠于一时"，题汪伯立笔为"千毛选一毫"，还为鲍氏宗祠题书"慈孝天下无双里，衮绣江南第一乡"的楹联。后，鲍漱芳奉旨建造了"乐善好施"坊即"义"字坊，形成如今七座牌坊成群的气势，也完成了其忠孝节义俱全的心愿。

陶渊明桃花源制砚魁

　　相传，东晋大诗人陶渊明曾隐居于新安山中，歙县的潜口曾建有"渊明故里坊"，其名陶潜，此潜字后成村名，皆可以为证。陶渊明曾嬉游到黟县，见那里青山绿水掩映，小桥流水人家，遂作《桃花源记》，流芳千古。一日，他散步于小溪边，见一硕大奇石，星光闪闪，雾气腾腾，纹理如浪，若雁翔于湖，姿态妍丽，抚摸之，细润娇嫩，不禁如痴如醉，仰天笑曰："天赐吾人间至宝，妙绝也！"遂倚靠巨石，恍然进入梦乡。请人将此奇石掘出抬回家后，他整整用了三年时间，亲手将其雕制成被誉为"砚中之魁"的特大歙砚。上面刻有小桥流水、桃源洞、古民居等，真如世外桃源。背琢铭曰："桃花源里人家"，署刻"陶潜题"，砚边刻"白云芳草疑无路，流水桃花别有天"的诗句。对陶渊明隐居新安、制砚等，后人都有记载。据《困学纪闻》载，那奇特歙砚"巨大如砥，纵横丈余"。宋代程师孟作有诗曰："万仞峰前一水傍，晨光翠色助清凉。谁知片石多情甚，曾送渊明入醉乡。"还有人作诗证曰："长日白云狎，破屋青山外。陶公桃花村，砚石已太古。"

唐明皇歙砚慰梅妃

　　传说唐玄宗李隆基，又称唐明皇，也喜爱歙砚，尤喜其石质坚润，纹理妍丽。他在开元年间得一方"龙鳞歙砚"，色淡青黑，湛如秋水，且有金星闪闪，细润如玉，发墨益毫，无事即喜抚摸之。此时，唐明皇宠信太监高力士从福建带来的美女采苹，那淡妆素服、风韵庄雅、眼波闪光之状，让唐明皇一见钟情。这采苹善诗文，姿色秀，喜梅花，唐明皇即封之为梅妃。且用"龙鳞歙砚"研墨，为其题"梅亭"二字，作梅妃住处匾额。梅妃亦甚爱"龙鳞歙砚"，唐明皇当即赠之。梅妃得此砚，不禁诗兴大发，陆续写了《箫兰》《梨园》《梅花》《风笛》《玻环》《剪刀》《绮窗》等七赋。后，杨贵妃进宫夺爱，两妃遂互生妒忌，梅妃被排挤迁往上阳宫，连"龙鳞歙砚"也被占去了。梅妃痛失心爱宝物，呜咽流泪。不过唐明皇仍思念梅妃，知梅妃为砚悲泣，便偷偷将砚从杨贵妃身边拿走，命小太监秘密送去。梅妃复得歙砚，即写诗曰："柳叶双眉久不描，残妆和泪记红绡。长门自是无梳洗，何必歙砚慰寂寥？"唐明皇见诗，虽心系念，却也无奈。

王安石歙州得歙砚

　　宋代政治改革家王安石任江东提刑时，曾自江西取道歙州到宣州。到歙州时，久闻歙砚之名，即访求之。途中遇一卖砚老者，身前一砚，闪烁乌光，隐现群雁飞翔之状，抚之细腻润滑。经询问得知，此为雁湖眉子，龙潭石，亦称"龙头砚"。那老者还说了张天师斩乌龙，乌龙吐水，染石成砚的传说。当老者得知是王安石时，即将砚赠之。王安石再三付钱，老者却坚辞不收。王安石还是丢下一袋银子，跨马而去。后王安石一直携带此砚，撰写过无数诗文。其中就有那首脍炙人口的《泊船瓜洲》："京口瓜洲一水间，钟山只隔数重山。春风又绿江南岸，明月何时照我还！"

方腊喜得"北斗七星砚"

　　北宋著名农民起义领袖方腊是歙县七贤方村人。他率领起义军攻占歙县后，受到家乡人民的欢迎，且得一位老者赠送"北斗七星砚"。此砚石质细润，色如碧云，纹理绮丽，呵气生云，砚堂中有金星七颗，宛若北斗。方腊将此砚奉为珍宝，作诗赞曰："歙州砚石美而坚，润若凝脂脉理匀。细琢精雕天下重，端州砚石未居先。"传说此北斗七星砚神奇异常，能呼风唤雨，使义军打仗节节胜利，仅半年左右，即攻占两浙、皖南、赣东北六州五十二县，使北宋朝廷大为惊恐。后因北宋朝廷派大量军队残酷镇压才告失败。虽如此，方腊起义在中国历史上仍然书写了闪光的一页。据说，方腊被俘时，身上仅带"北斗七星砚"一物。后来，不知遗失何方？

朱升献策赠砚朱元璋

　　朱元璋率义军攻下徽州后，广召徽州文士献计献策，应召而来的就有休宁回溪人朱升。他当时隐居于歙县石门。在与朱元璋的商谈中，朱升献策曰："高筑墙，广积粮，缓称王。"朱元璋大悦，设宴款待之。饭后，朱升乘酒兴，从行囊中掏出一方歙砚和笔墨，在纸上挥毫书写了所献策的九个大字，龙飞凤舞，很有气势。朱元璋大悦，奉之为座右铭，且对朱升之砚爱不释手。朱升见之，即慷慨相赠。此砚是一方宋代抄手歙砚，砚左侧阴刻隶书"世路艰，人业异，与石交，不相弃"十二字铭。朱元璋得砚后，赞曰："歙砚真是名不虚传，宝砚也！"

程敏政歙砚修志

　　篁墩人程敏政是明代成化二年（1466）殿试榜眼，官至礼部右侍郎。父亲程信曾任南京兵部尚书，家中藏砚甚富，有"圆形三足歙砚""风字形抄手歙砚""椭圆形歙砚""船形歙砚""眉纹枣形歙砚"等，其中"眉纹枣形歙砚"给了程敏政。此砚是长方形，平底，长21.3厘米，宽12.5厘米，高2.8厘米，四角呈菱形，砚池如一轮新月，砚面呈细罗纹，砚堂镶嵌一片青莹椭圆形对眉子石，能够取出安上，活动巧妙。其乃程敏政心爱之物，朝夕相伴，曾作诗为证，曰："笔墨耕耘砚为田，朝夕相伴在窗前。壮怀犹有修书志，冤枉官司冥黄泉。"他用这方歙砚纂修了《新安文献志》，也撰写了《篁墩文集》《明文衡》等许多著作。

李时珍采药得歙砚

　　明代医药学家李时珍曾到黄山、白岳（齐云山）一带采药。一日，在歙县灵金山攀岩采药时，忽闻呼唤救命之声，原来是一位农妇的手被毒蛇所咬，手背粗肿，且已昏迷。李时珍忙为之挤去毒液，将所采"七叶一枝花""半边莲"捣碎，敷于农妇手背，须臾即醒。农妇深谢搭救之恩，并知此采药翁医道不浅，遂求他救自己身染重病的公婆。李时珍随她前往。经对她的公婆认真观察询问，知其婆乃患伤寒，公乃患肝炎。问她家中可有笔墨纸砚。此农妇之夫乃一落第秀才，已皈依佛门，家中恰留有文房四宝。尤其是那一方"黄龙戏珠歙砚"，石质坚细，色黄如蜜，双龙栩栩如生。李时珍不禁爱从心生，即用此砚研墨开方。她的公婆服药后果然大为见效，一周后，二老之病皆愈。农妇非常感谢李时珍，在同公婆商量后，将宝砚赠与恩人为谢。民国《歙县志》载："灵金山东支，曰岩山，蜿蜒东出山涧，有石色黄如蜜，可作砚，腻不减龙尾。"李时珍所得"黄龙戏珠歙砚"，或许即岩山之"歙黄石"所制。

徐霞客游黄山得歙砚

明代旅行家、地理学家徐霞客曾两次游历黄山，在《徐霞客游记》中记载黄山的文字甚多，且留下"五岳归来不看山，黄山归来不看岳"的名言。他第一次游历黄山时，正逢大雪，未能见文殊院、天都峰等胜景，留下不少遗憾。时隔两年后，他选择秋高气爽之日，二游黄山。在下黄山后，他又信步游览黄山至徽州府城的一路风光。但见山道弯弯，秋叶如花，小桥流水，古风飘逸，尤其是徽城之西，练江之滨，青山叠翠，绿水潺潺，亭台矗立，塔寺高耸，不免流连忘返，遂夜宿于五明寺中，向老僧借砚撰写游记。他见老僧之砚黝黑发光，抚之细腻，发墨如油，脱口吟曰："歙州砚台美而洁，深山藏匿几千年。精雕细琢天下重，四大名砚它居先。润若儿肤脉理细，轻扣如金质地坚。莫道荆山璞玉美，江阴宏祖亦爱怜。"老僧见他那副珍爱之状，又听他琅琅吟诵之概，即慷慨地将这方歙砚赠之。徐霞客大喜过望，在砚背雕铭曰"名山为友砚作伴"七字。此后即随身携带，继续为其撰写游记服务。

唐皋掷砚鸭绿江

　　明代唐皋，字守之，号心庵，歙西槐塘人，正德九年（1514）状元。早年他即自信过人，每以魁首状元自诩，然而却是屡试不中。遂有眼浅的乡人作打油诗讥诮道："徽州好个唐哥哥，一气秋闱走十科。经魁解元荷包里，其奈京城剪绺多。"说其囊中之物经魁、解元都被京城剪绺者（小偷）窃走了。遭此揶揄，唐皋却一笑了之，且并不气馁，作诗自励曰："越读越不中，唐皋其命如何？越不中越读，命其如唐皋何？"又在扇面《网鱼图》上题曰："一网复一网，终有一网得。哭煞无网人，临渊空叹息。"坚持在科举之河中撒网的唐皋果于正德年间高中状元。唐皋高中后曾奉嘉靖皇帝之命，以翰林学士身份出使朝鲜。当时的朝鲜国王为中宗李铎，其企图以才学为难唐皋，出上联道："琴瑟琵琶，八大王，一般头面。"谁知唐皋随口便对出："魑魅魍魉，四小鬼，各自肚肠。"李铎这才深加佩服。后唐皋圆满完成使命回国，行至鸭绿江畔，他忽然发现行囊中竟有一方砚台，知道这是朝鲜国王暗赠之物，遂想自己乃为国事而来，岂可私受，即投掷于鸭绿江中。此砚自是朝鲜之砚，而唐皋生于歙砚之乡，也未必看重，不过他掷砚之举乃是清廉的表现。

董小宛得砚赋诗

　　明末秦淮名妓董小宛曾隐居黄山。她为人天资聪慧，琴棋书画皆通晓，亦善诗。虽出身青楼，但端庄稳重，且忧国忧民，遂得隐居之庵众人尊敬，尤其得到掌庵师太的器重。师太常与她一起下棋、弹琴、吟诗、作画。一日，她见师太拿出一方蝉形歙黄石砚，长宽适中，大方古朴，石坚纹细，色黄如蜜。遂不禁爱不释手，触景生情，吟起李商隐的《霜月》诗来："初闻征雁已无蝉，百尺楼台水接天。青女素娥俱耐冷，月中霜里斗婵娟。"师太见她爱砚如痴，便道："此砚伴我多年，乃灵金山庵师姐所赠，既然你如此喜爱，就送你作个纪念吧。"董小宛激动不已，立即研墨挥毫，作诗曰："二十驹光如瞬息，豆蔻年华误蹉跎。数奇不遇功成少，才短无能过失多。心事难忘唯国族，神州可爱是山河。虽妓犹有驰驱志，新潮无力助一波。"写毕，她身感疲倦，便伏案而眠。次晨她醒来，见案边有一纸，写道："青楼之女，有高远之志，难得难得。"她知是师太夸赞自己，随即又赋诗曰："万仞峰中一庵堂，晨光翠色助清凉。莫道青楼少才女，不逊家国好儿郎。"此时，师太来到。董小宛连忙谢曰："多谢师太赠砚！小女无才，赋诗请师太斧正。"师太曰："你志气不小，实属难得，尚能为贫尼吟一首否？"董小宛当即随口吟之曰："独坐庵堂里，晨光映翠微。鸟雀深林噪，幽谷白云飞。"师太闻之，大为赞许。董小宛在黄山度过两年幽静的生活，蝉形砚成为她的伴侣，遂在砚背铭曰："砚田笔耕，终身伴侣。"

石涛黄山遇歙砚

　　清代书画家石涛，俗名朱若极，是明代靖江王后裔，因家中惨遭变故，削发为僧，法名原济，云游四方，既传佛学，又描写山水，屡登黄山、庐山诸名胜，与梅清、梅庚、戴本孝等画家交往甚多，合为"黄山派"。传说石涛在黄山云谷寺作画时，遇一卖砚人，见其手中一方"水浪金星歙砚"，上部自生云雾金星，间有一皓月如盘，晶莹无瑕，浮云缥缈；下部水浪滔天，旋涡回转，礁石隐现；有一雁掠空而下，穿飞石林浪花间，可谓巧夺天工。石涛不禁拍手叫绝，即以五百两银子购之，且在砚背镌刻"明月松间照，海水世上流"之句，落款"苦瓜和尚"。此后，石涛的画作就更佳了。

纪晓岚爱玩歙砚

　　曾任《四库全书》总纂官、官至礼部尚书与协办大学士的纪晓岚，爱玩歙砚。其在《阅微草堂笔记·砚铭》中记曰："余为鲍树堂跋《世孝祠记》，树堂以此砚润笔，喜其柔腻，无新坑刚燥之气，因为之铭曰：勿曰罗纹，遽为端紫，我视魏征，妩媚如此。嘉庆壬戌（1802）四月晓岚题，时年七十有九。附翁树培铭言：歙砚日稀，尔何其寿，古貌古心，如逢耆旧。龙尾旧坑久绝，故歙砚较端砚为难得，此石犹前代物也。翁树培铭并识。"纪晓岚所得鲍树堂润笔砚为"眉纹金星歙砚"，他爱不释手，常抚摸之，几乎入迷。某日，朋友请其题写扇面，他即书王之涣《凉州词》，结果在首句中漏一"间"字，观者有云："大文豪亦有误耶！"纪晓岚急中生智曰："此非诗，乃词也，何有误？"遂读道："黄河远上，白云一片，孤城万仞山。羌笛何须怨？杨柳春风，不度玉门关。"众人拍手叫绝。

汪士慎梅花图易歙石

　　"扬州八怪"之一的汪士慎是歙县富溪（今富堨）人，擅画梅竹，精于印学，声名远扬。某日，他客游徽州茶庄，庄主为歙县呈坎人罗鹤。此人爱石成癖，藏砚甚多，喜以砚与书画家换取墨宝。当时，汪士慎见其室有一歙砚巨石，长近五尺，宽两尺，两面平整，厚薄一致，无石筋石隔，纹理极妍，且正面有银星雨点，背面有金星金晕，星点散布，均匀若粟，虽未琢成砚，却堪称瑰宝。汪士慎看得如痴如醉，露出喜爱之意。罗鹤见之，忖曰："吾素喜其梅花，久不可得，不若以砚石易之。"遂告之。汪士慎大喜，即入罗氏书房，一气呵成《墨梅图》，且题诗曰："画苑耕耘数十年，平生淡泊无砚钱。清香冷艳花数朵，换取歙石作砚田。"罗鹤喜得汪士慎之《墨梅图》，汪士慎喜得罗鹤之歙砚巨石，二者皆大欢喜。此歙砚巨石亦成汪之珍宝。

金农爱砚藏砚成癖

　　清代知名书画家、"扬州八怪"之一的浙江仁和（今杭州）人金农，爱砚、赏砚、藏砚几近疯狂，被称为"砚癖"。他擅诗文，精鉴别，书法自成一体，人称"金农体"，尤喜玩砚藏砚。其曾肩负祖传之砚游历四方，笔墨耕耘，卖艺得金，即购名砚，或以书画易砚，且遣入室弟子罗聘到其家乡歙县访砚。他得砚102方，便自诩"百二砚台富翁"。有人劝之积金买田，其摇首曰："余平昔无嗜好，唯与砚为友。"传闻罗聘赠其"庙前青芭蕉青蛙砚"，池上琢芭蕉两片，中有青蛙鼓鸣，栩栩如生。色如碧波，石质细润，纹饰妍丽，冰纹冻石，银光闪烁，甚罕见，乃藏众砚之宝也。其与此砚朝夕相伴，临终竟以此砚陪葬。

高凤翰与《砚史》前世今生

　　明清以后多有论及砚台的著作，其中以高凤翰所著《砚史》最负盛名。高凤翰（1683—1749），字西园，号南村，晚号南阜，山东胶州城南三里河村人，是清中期著名的左笔书画家、篆刻家及诗人，给后世留下了数千篇诗文和大量书、画、印、砚等艺术精品。美术史将其归于"扬州画派"。高凤翰天性聪敏，少具异才，9岁能诗，10余岁始画，15岁随父赴淄川教谕任上，接触当地名士，受书画熏陶。27岁在江西滕王阁拜见著名画家沈宗敬，得沈教诲。后寓居安丘张在辛家，得见大量金石书画精品，受益良多。再后来游历德州、济南、诸城、莱阳等地，游览名胜古迹，以诗文书画会友，艺术造诣更加成熟。46岁赴京应试，取贤良方正科一等，授修职郎；后得卢见曾等举荐任歙县县丞，继而先后代理歙县、绩溪县知县。这里为歙砚产地，其遂对歙砚有更深的了解。再后来代任江苏仪征县县丞兼管盐务。高凤翰55岁时右臂病废，去官寄居扬州寺中，以左臂书画。其与扬州画派金农、郑板桥、汪士慎、李方膺、边寿民等投契，且画风相近，遂列入"扬州八怪"之中。他59岁回到故乡，65岁在贫病交加中逝世。平生癖好收藏砚石，最多时达千余方，遂择其佳品镌刻铭跋，且收集著成《砚史》四卷，收砚165方，拓砚图112幅，以彩墨拓印，并配朱墨、藤黄、赭石等色，钤以朱印，古雅可爱。高凤翰去世后，《砚史》原本为宿迁王相在高氏后人处得到，延请太仓王应绶摹刻上石。王应绶（1788—1841），又名王申，字子若、子卿，诸生，著名画家王原祁玄孙，是吴门画派重要人物之一，善凿刻，镌刻极工，然54岁即故，未完成《砚史》摹本，仅成其半。后由仪征人吴熙载改用枣木板继续摹刻补成，乃使《砚史》得以流传。吴熙载（1799—1870），名廷扬，字熙载，改字让之，自称让翁，又号晚学居士、方竹丈人，清代著名篆刻家。《砚史》一书浓缩了高凤翰一生藏砚、制砚、铭砚的艺术成就，也留下了王相、王应绶、吴熙载等人的辛劳印迹。

虚谷异乡得歙砚

虚谷，俗姓朱，名虚白，字怀仁，号倦鹤、紫阳山人，晚清歙县人，客居扬州，乃"上海画派"之杰。曾任清军参将，因不愿血染冠带，遂弃官为僧，于书画中寻觅生活真谛，往来于扬州、苏州、上海之间。有位徽商鲍紫阳，歙邑鲍家庄人，行商于此，且亦善诗画，爱收藏，遂与虚谷、任伯年、吴昌硕等名家深交。某日，虚谷客于鲍紫阳家，为之作《雪梅图》，题曰："无端白雪落沙来，古本疏枝上粉苔。似雪似花花似雪，梅花又向雪中开。"鲍紫阳大悦，遂以"梅雀玉带金星砚"赠予虚谷。砚首镌"平生不与群芳斗，冰天雪地独自开"句。虚谷亦极为欢喜，抚砚如痴，又赋诗曰："日日望砚意倍亲，闲来默对足怡神。一支笔夺乾坤秀，万幅图开天地春。但愿终生伴此石，何愁迟暮老风尘。茫茫本是知音少，自赏孤芳自写真。"后任伯年于砚背琢虚谷肖像，称其"笔无常法，别出新枝"。可谓知音也。吴昌硕亦赞虚谷："十指参成香色味，一拳打破去来今。"虚谷将异乡所得家乡歙砚伴随终生，此砚亦随葬于苏州光福石壁山。

任伯年佳画换歙砚

任伯年名颐，清末著名画家，亦"上海画派"之杰。据云他在上海售画，与一卖砚者相对。此卖砚者乃歙县渔梁人，名巴徽，自云为篆刻家巴慰祖之后。所卖砚皆歙砚，浑厚朴实，美观大方，具有徽派特色。中有一芭蕉砚，色淡青，遍布金星，背有数条眉纹，上琢芭蕉，池为圆月，内有蛙鸣。任伯年见而抚之，爱不释手，遂问价。回曰："黄金五百。"任伯年不由咋舌，自忖售画终年亦不济也。忽然他触景生情，夜画《蕉荫品砚图》。次日挂出销售。众人围赞。有位书生问此画何价。任伯年回道："与对面的芭蕉砚同价。"卖砚的巴徽听了，却说："你的画有价，我的砚无价。"那书生听二人所言，便说："黄金易得，歙砚难求。"围观众人散去。任伯年与巴徽相视而笑，虽然不言，彼此却互知心思也，一个爱画，一个欲砚。时光荏苒，两人逐渐成为至交，于是画砚互易，留下一段文苑佳话。有诗证曰："玲珑片石藏山间，几砚生风描翠微。蕉荫品砚金不换，却与砚工换砚砖。"

赛金花抛砚保文物

赛金花是晚清至民国时的风云人物，亦是一位徽州爱国女子。早年父故，她流落风尘，在苏州与歙籍状元洪钧相识相恋，遂嫁洪钧为妾。光绪十三年（1887），洪钧奉光绪帝命，出使德、俄、荷、奥四国，赛金花以公使夫人身份同行，且学会英、德、法诸国文字，乃成西欧达官显贵之座上客，曾得德国皇后青睐。洪钧故后，赛金花留居北京。适逢八国联军入侵，骚扰京城百姓，焚毁财物。赛金花曾言："国是人人之国，爱国乃人人本分。"某日，有德军兵士闯入她的居住之处，她先以英语对话，谁知对方不通英语，遂改以德语与之交谈，从而得知联军统帅为德国人瓦德西。此人乃德国宰相俾斯麦跟前的红人，与赛金花在德国时曾相识。赛金花便携带一方仿宋金星插手歙砚和一幅仿元倪瓒山水画，去见瓦德西。在赠送砚和画时，赛金花要求瓦德西约束士兵，一不要屠杀百姓，二不要毁坏文物，不要重演焚毁圆明园的悲剧。瓦德西见着故人，又得砚和画，内心乐之，遂下令联军停止烧杀抢掠，从而使北京城的损失大为减少。此乃赛金花护卫之功也。

乌龙知府砚台逃身 斩尾龙问政祭母

　　"千寻练带新安水，万仞华屏问政山。"问政山原名华屏山。《方舆胜览》记载，唐有于方外者，自荆南掌书记，弃妻从太白山道士学养气之术，其从弟于德晦担任歙州刺史，方外便前来投访，德晦为从兄在歙县城东五里建筑居室，号"问政房"。歙县人聂师道少时从于方外为师，后聂师道在五代十国为吴国国师，亦号问政先生，遂将此山命名为问政山。问政山绵延起伏，层峦叠嶂，烟岚缭绕，翠竹掩映，如翔鸾舞凤，秀丽非常。明代董其昌曾发出"君不见问政山，错在黄山白岳间"之叹。旧有一观二寺十三庵、聂真人炼丹池、半山亭等胜迹，蜚声远扬。"斩尾龙问政祭母"的传奇故事便发生于此。

　　相传那一观即问政观中住着一老道一小道，小道每日放学后必返紫阳山南看母。一日，小道之母托话于老道，请提早放学，以恐路途不安。老道从之，遂提前一个时辰放学。谁知未几，小道之母又捎话求再宽之。老道又从之，午饭一过即让小道返。然次晨，母携小道至观，责曰："吾三番五次请早放学，汝为何还留其学乎？昨返已点灯矣！"老道闻言，甚气，复又感到蹊跷，遂责问小道曰："问政山距紫阳家，短不过十余里，何故走许多时辰？"小道低头不语。母再三询之。答曰："放学途中，有一身穿红肚兜、头扎红绳之童，候之于竹林，纠缠小道陪其嬉戏，直至天黑。"老道闻之欣喜，要其母拿绣针及线至，嘱小道曰："今日那童若再来寻汝嬉戏，即将绣针扎在他的股垫上便可。"小道遵之，依嘱而行。次日返并实话告之。老道即提锄，要小道带自己寻觅那童子。原来，缠小道嬉戏的哪是什么童子，乃是一支三千年长藤、三千年开花、三千年长茎，且成人形的何首乌，谁食之便可成仙。老道提锄挖之，然后洗净，放置砂锅内蒸煮。此时，恰有一位士绅来访老道，老道即嘱小道谨慎看着，不要懈怠。然而砂锅冒出热气，芳香袭鼻，小道感到甚为奇怪，遂掀开砂锅，见露出水面一小点，顿时馋而食之，以为老道不会察觉。后老道回来，见那何首乌胯下一小点已经没有。老道便叹息道："此天意，天意也。"便成全小道，让小道全部食之。此后，小道功力大增，成为神通广大之真人了。这小道人姓许，名宣平，人称许真人，乃唐代著名道士，《太平广记》诸书皆载之。后来那诗仙李白竟不远千里，前来寻访许宣平，然而寻访未遇，留下一段佳话。

再后，有淳安县知县王荣升任徽州府知府，于一风和日丽之时，携家眷乘船沿新安江而上，至九里潭老龙矶处停下。其夫人见江水清澈如镜，遂出船舱梳洗，突然怪风吹来，吹落夫人头上金钗，掉入江中。江水清浅见底，金钗在卵石边，光彩闪烁。知府差衙役下水捞之，然衙役见不到那金钗，只有知府能够看见。知府无奈只好自己下水。哪知当知府下到水中，忽然江水变浑，天空乌云密布，江面波涛汹涌，一片昏暗。夫人不知所措。未几，云消雾散，知府起水，将金钗重新给夫人戴好。夫人感动非常。殊不知，此时的知府已经不是原来的知府了，已被换了人身，为一乌龙精所变。原来它见夫人貌美，即起歹心，设下圈套，食了真知府，变作假知府，既占美妇，又假冒上任。在任期间，它不理政事，却大肆搜刮民财，还制造了许多冤假错案。它的这些劣迹都被进城卖柴的许真人发现。假知府也知这卖柴的非凡夫俗子，于是一见许真人前来，即宣布退堂，吏役们都感到奇怪。许真人见这怪物祸害百姓，决意除之，即暗访知府夫人，得知这怪物每日皆在后院备九缸水九缸砂，而且闭门不许人看，连夫人亦不可。一次，夫人按捺不住好奇之心，从门缝窥之，见它脱去外衣，即变成九丈许的大乌龙，在九缸水与九缸砂中穿梭洗涤，后又盘于晒衣长杆上闭目睡之。夫人方知这所谓丈夫乃是一条乌龙精，然而也无可奈何，只有终日以泪洗面，忍气吞声度日。许真人决定于端午日惩除，遂要夫人将府衙内缸、桶、碗、钵中之水，尽数倾倒，以防它借水逃遁。端阳正午，许真人仗剑破门而入，乌龙精见状即逃。许真人紧追不放。乌龙精慌忙从大堂逃向后院，不料十八缸空空如也；又急奔厨房，亦滴水不存；遂转而奔向书房，却见桌案上一方砚台里存有几滴墨水，竟借以潜逃了。一方歙砚竟救了孽龙。许真人随后追之，直追至九江鄱阳湖。此时，乌龙精已累饿交加，见一老妇在路旁卖面条，即购而食之，谁知那面条入腹，即成铁链。此老妇乃观音所变，专等候治之。随后，观音将乌龙精锁于镇妖井石柱上。乌龙精询问："何时可释？"观音复曰："石柱开花铁索烂。"

　　此时，知府夫人早已有孕将要分娩。许真人已知此情，遂辞别观音急返徽州。果然夫人正在分娩中，所生乃小乌龙也。许真人不容此类妖物存世，一一将夫人接连所生八条小乌龙，手起剑落斩之。当生下第九条时，夫人心疼起来，含泪求真人留个日后上坟祭祀者。许真人动了恻隐之心，遂仅斩了其尾，犹豫之际，那小乌龙即一溜烟腾空而去，却被候在空中的张天师收入龙虎山中。此后，被斩之龙尾掉落于婺源之芙蓉溪与武溪中，化作歙砚名品"龙尾石"。原先被许真人所斩之八条小乌龙，亦被点化成徽州各大名坑之砚石，如歙县大谷运"龙潭石"（亦称龙头石），歙县北乡上丰"岩源石"，歙南周家村"紫云石"，"庙前青""歙红"等。此外，在祁、黟、休等地亦有众多砚石。

　　知府夫人故后葬于问政观左坡，此后每逢清明节，斩尾龙皆要来徽州上坟挂纸。所到之处，电闪雷鸣，天昏地暗，其母坟前明堂内亦会涨水，水中还闪腾一对红鲤鱼，朝坟墓频频叩首。其母遂在天际告诫斩尾龙曰："儿来势汹汹，惊动百姓，若学父，何颜见江东父老。回去再不许如此疯狂！"于是后来斩尾龙挂纸，若是先去江西探父，再来徽州祭母，便会狂风大作，暴雨倾盆，百姓遭难；若是先来问政山祭母，再去江西探父，便能谨记母训，一路风调雨顺，那年徽州定是好年成。故来时猛，去时悠，成为徽州传奇文化中"慈母教子"的一段佳话。

（此则据凌红军、张永鸿搜集整理《歙砚之经典传奇故事——斩尾龙问政祭母》改编）